Alessandro Pelizzari
Die Ökonomisierung des Politischen

RAISONS D'AGIR

Herausgegeben von Pierre Bourdieu
und Franz Schultheis

Band 6

Alessandro Pelizzari

Die Ökonomisierung des Politischen

New Public Management und der neoliberale Angriff auf die öffentlichen Dienste

UVK Verlagsgesellschaft mbH

Mit freundlicher Unterstützung der *Université de Lausanne*
Commission des Publications
Fondation du 450e Anniversaire

Die Deutsche Bibliothek – CIP- Eiheitsaufnahme

Pelizzari, Alessandro:
Die Ökonomisierung des Politischen : New Public Management und der neoliberale Angriff auf die öffentlichen Dienste / Alessandro Pelizzari. – Konstanz : UVK-Verl.-Ges., 2001
(Raisons d'agir ; 6)
ISBN 3-89669-998-9

ISSN 1615-0155
ISBN 3-89669-998-9

© UVK Verlagsgesellschaft mbH Konstanz,
Konstanz 2001

Einbandentwurf: Aparicio & Hoch, Paris
Satz: Dieter Heise, Konstanz
Druck: Konkordia Druck GmbH, Bühl/Baden

UVK Verlagsgesellschaft mbH Konstanz
Schützenstr. 24 • D-78462 Konstanz
Tel. 07531-9053-0 • Fax 07531-9053-98
www.uvk.de

Die diesem Buch zugrundeliegende Forschungsergebnisse wurden im Rahmen des Diplôme d'Etudes Approfondies en Sociologie der Westschweizer Universitäten unter der Leitung von Franz Schultheis (Neuchâtel) und Sébastien Guex (Lausanne) realisiert. Ihnen beiden gilt mein Dank, ebenso wie Malte Meyer, Tim Mücke, Thomas Ragni und Peter Streckeisen. Dank schulde ich aber vor allem meinen Eltern für ihre stete Unterstützung sowie allen Leuten, an deren Seite ich in der Bewegung attac *tätig bin.*

INHALT

9   Vorwort: Über Jargon und Finanzsoziologie

17   Einleitung

21   1. Vom Service Public zum modernen Dienstleistungsunternehmen

Modernisierung des Staates – Modernisierung für wen?, 22 – Von der Legitimationskrise des Sozialstaats zur Finanzkrise des Steuerstaats, 25 – Zum Wesen der öffentlichen Dienste: Gesellschaftliche Reproduktion und Service Public, 29 – Der Sozialstaat und die Grenzen des Steuerstaats, 33 – Politik der leeren Kassen und staatliche Ökonomisierungsstrategien, 37

44   2. Verwaltungswissenschaftliche Wissenschaftsproduktion und Reformeliten

Die Konsolidierung der wertkonservativen Staatskritik und der neoliberalen Standortrhetorik, 48 – Die »Revolution« in der Verwaltungswissenschaft, 52 – Das NPM-Modell: Eine »Second-Best«-Lösung, 57 – Unternehmerkreise und Reformeliten, 68 – Von Weissbuch zu Weissbuch: Das Programm der Gegenreform, 70 – Konstanten und Varianten der Ökonomisierungsstrategien, 73 – »Wer denkt, Kosten senkt«: Rationalisierungsmassnahmen vor der NPM-Ära, 80 – Ernst Buschor: Vom »zornigen jungen Mann« zum Anführer der Reformelite, 85

96 3. Finanzpolitik und gesellschaftspolitische
Gegenreformen im Kanton Zürich

Politik der leeren Kassen im Kanton Zürich der neunziger Jahre: Eine Auslegeordnung, 96 – Steuersenkungen: »Viel für den Standort, wenig für's Volk«, 98 – Finanzpolitik vor dem Hintergrund leerer Staatskassen, 108 – Finanzpolitik zwischen Beschleunigungs- und Legitimerungsdruck, 117 – Der Auftritt der Reformelite, 122 – NPM und die Rationierung im Gesundheitswesen, 131 – NPM und das standortgerechte Bildungssystem, 142

153 4. NPM oder Service Public – zwei gegensätzliche Gesellschaftsmodelle

Grenzen der Krisenbereinigung innerhalb des Steuerstaats, 156 – Der Service Public als alternative Entwicklungsperspektive, 167

181 Anmerkungen

Über Jargon und Finanzsoziologie

»Die Phrase (...) ist das Warenzeichen, das den Gedanken verkehrsfähig macht so wie die Floskel, als Ornament, ihm den Liebhaberpreis verleiht.«[1]

In den zwischen 1933 und 1945 entstandenen Notizen zur »LTI«, zur Sprache des Dritten Reichs, schreibt der deutsch-jüdische Philologe Victor Klemperer: »Das moderne Kurzwort stellt sich überall dort ein, wo technisiert und wo organisiert wird.«[2] Und er merkt an, dass der von den Nazi-Organen im Übermass benutzte technische Jargon mit seinen Akronymen dazu diene, »Schutz nach aussen und (...) Zusammengehörigkeit nach innen«[3] herzustellen.

In einem ganz anderen Kontext wird diese Beobachtung durch das NPM oder New Public Management eindringlich demonstriert. Das New Public Management – neue Steuerungsmodelle – umfasst den breit angelegten Prozess der Reorganisation der Staatssphäre, angefangen von der Staatsverwaltung über die öffentlichen Dienste und die Sozialversicherungen bis hin zu den öffentlichen Finanzen, ein Prozess, der seit dem Ende der siebziger Jahre von der alles überrollenden neoliberalen Welle eingeleitet und weltweit durchgesetzt wurde. Diese Reorganisation verfolgt das Ziel, die Errungenschaften der Arbeitnehmer, das Resultat der Arbeitskämpfe zwischen den Kriegen und nach dem Zweiten Weltkrieg, in ihrer Gesamtheit rückgängig zu machen. Sie sieht daher ganz nach einer sozialen und finanziellen Gegenreform aus. Die Kräfte, die das New Public Management fördern und unterstützen, produzieren zu diesem Zweck eine Unmenge von Worthülsen, eine Sprache voller rätselhafter Abkürzungen und dunkler Ausdrücke, die dem ökonomisch-administrativen Jargon entnommen sind.

Dieses jargonhafte leere Gerede erfüllt die von Victor Klemperer aufgezeigte doppelte Funktion. Es ist »Schutz nach aussen«, da es sich den gewöhnlich Sterblichen entzieht, die hochkomplizierten Konstruktionsmodelle, die ohne jeden sozio-historischen Gehalt sind, vervielfacht und das Soziale und Politische unter einem technischen Blickwinkel verschleiert, kurz: es verdinglicht. Damit veranlasst es die grosse Mehrheit derjenigen, die von den neoliberalen Massnahmen betroffen sind, zu glauben, dass die Probleme der öffentlichen Finanzen, der Staatsverwaltung oder der öffentlichen Dienste im wesentlichen technischer Art sind, ihre Verstehens- und erst recht ihre Interventionsfähigkeit bei weitem übersteigen und daher der kleinen Zahl der Wissenden, den Experten, überlassen werden müssen, deren Diskurs und Praxis auf diese Weise legitimiert werden.

Der Jargon stärkt gleichzeitig die »Zusammengehörigkeit nach innen«. Er steigert bei den Akteuren des New Public Management, bei Beratern und Promotern, aber auch bei Praktikern und Bürokraten, das beruhigende Gefühl, sich von der Masse zu unterscheiden und als Eingeweihte eine besondere Gemeinschaft zu bilden, die ein spezifisches, an der Speerspitze der Moderne angesiedeltes Wissen eint. Auf diese Weise trägt er dazu bei, das Auftauchen von Widersprüchen unter diesen Akteuren zu verhindern.

Die vorliegende Studie ist daher ein Unternehmen der Dechiffrierung – und das ist nicht die geringste ihrer Qualitäten. Sie enthüllt die hinter den abstrusen technischen Formeln verborgenen ökonomischen, sozialen und politischen Einsätze; sie bringt die Kräfteverhältnisse ans Licht, die von den hochformalisierten Modellen verschleiert werden, deren Fundament sie sind; sie zeigt die Strategien auf, die sich hinter den Entscheidungen verbergen, Entscheidungen, die auf den ersten Blick ohne jeden Zusammenhang sind; sie deckt die Logik auf, die den scheinbar neutralen oder unschuldigen Praktiken zugrundeliegt; und sie enthüllt die wirklichen Ziele der derzeitigen neoliberalen Gegenreform.

Die Studie beschränkt sich dabei nicht auf einen sprachkritischen Ansatz. Sie geht weit über eine blosse Übersetzungsübung hinaus. Zum einen will sie eine strukturgenetische Analyse ihres Gegenstands liefern. In diesem Sinne beschreibt sie einige der wichtigsten Schweizer Stätten zur Produktion und Verbreitung der Theorien und Diskurse – anders gesagt: der Ideologie – des New Public Management. Unter anderem illustriert sie, in welchem Ausmass diese Stätten täglich das Wunder des Barons von Münchhausen vollbringen, sich an den eigenen Haaren hochzuziehen. Indem sie sich gegenseitig unzählige Auszeichnungen im Fach Finanz- und Verwaltungswissenschaft verleihen, bilden diese Stätten eine Art Qualitätszirkel zur wechselseitigen Legitimation und zur Förderung ihrer Ideen und Schüler. Dadurch gelingt es der vorliegenden Arbeit, historisch wie soziologisch die allmähliche Konstituierung – seit dem Beginn der achtziger Jahre – eines Netzes von Experten nachzuzeichnen, die heute zahlreiche einflussreiche Positionen im politischen, administrativen und universitären Feld besetzen und damit derzeit Träger des New Public Management innerhalb und ausserhalb der Schweiz sind.

Zum anderen untersucht die Arbeit die praktische Realisierung des New Public Management, wobei sie auf den Kanton Zürich fokussiert ist. Sie geht auf die Schwierigkeiten ein, auf die diese praktische Realisierung gestossen ist, auf die Konflikte und Widerstände, die sie erzeugt hat, und auf die finanziellen und sozialen Konsequenzen, zu denen sie geführt hat. Die Wahl des Kantons Zürich ist natürlich kein Zufall. Als tatsächliches industrielles und kommerzielles Zentrum der Schweiz, als ein Finanzplatz, der zu den bedeutendsten der Welt zählt, ist dieser Kanton auch derjenige, in dem die Massnahmen der neoliberalen Gegenreform von einer Aggressivität und einem Ausmass waren und noch sind, wie sie in der übrigen Schweiz fast kein Äquivalent haben.

Diese unterschiedlichen Facetten einer kritischen Analyse des New Public Management zeichnen sich in methodologischer Hinsicht durch einen besonderen und wenig bekannten Ansatz aus, da dieser sich insbesondere auf die Finanzsoziologie beruft. Diese reicht bis in das 19. Jahrhundert zurück und hat ihre Wurzeln im Marxismus, aber auch in Ansätzen, die von diesem sehr weit entfernt sind, wie dem deutschen Historismus oder der Paretoschen Schule. Ihre eigentliche Geburtsstunde liegt jedoch im Ersten Weltkrieg, im Kontext der tiefgreifenden politischen, sozialen, finanziellen und monetären Krise, die dieser Konflikt in Europa hervorgebracht hat. Sie entstand gerade in den am meisten betroffenen Ländern: in Deutschland, Österreich und Italien. Hier sind zwei Namen zu nennen: zuerst Rudolf Goldscheid, ein österreichischer Philosoph und Soziologe, Sozialdemokrat und Pazifist, der 1917 eine inhaltsreiche Arbeit veröffentlichte, die grossen Erfolg haben sollte, *Staatssozialismus oder Staatskapitalismus. Ein finanzsoziologischer Beitrag zur Lösung des Staatsschulden-Problems*[4], danach Josef Schumpeter, der berühmte Wirtschaftswissenschaftler, der 1918 eine glänzende kritische Studie herausgab, *Die Finanzkrise des Steuerstaats*[5], die zu derjenigen seines Landsmanns ergänzend hinzutrat.

Ganz schematisch betrachtet steht im Kern der Überlegungen der beiden Österreicher, und darüber hinaus der Finanzsoziologie allgemein, die folgende These: Einer der fruchtbarsten Ansätze, die Geschichte des Staates und der Gesellschaft zu verstehen, besteht darin, die Geschichte der öffentlichen Finanzen zu analysieren. In der Tat bestehen zwischen der Entwicklung der öffentlichen Finanzen einerseits und derjenigen des sozio-ökonomischen und politischen Kontexts andererseits Beziehungen, die, wenn auch auf unterschiedliche Weise, je nach ihrer Stossrichtung, sich wechselseitig beeinflussen. Somit macht es ein derartiger Ansatz erforderlich, die engen Grenzen zu überschreiten, die im allgemeinen dem Feld der öffentlichen Finanzen zugewiesen sind, insbesondere der Finanzpolitik, und vor allem die Währungspolitik, die Kreditpolitik und auch die Wirtschafts- und Handelspolitik, zumindest zu einem Teil, in die Analyse mit einzubeziehen.

Nach dem ersten weltweiten Konflikt erlebte die Finanzsoziologie einen kurzen Frühling. Besonders kurz in Italien, wo die Heraufkunft des Faschismus sie rasch unterdrückte. Etwas länger in Deutschland, wo der Sieg des Nazismus sie indessen schnell nötigte, sich zwischen Schweigen oder Exil zu entscheiden. Dieser kurze Frühling war auch geographisch begrenzt, da in den anderen Ländern ein derartiger Ansatz nur sehr wenig Resonanz gefunden zu haben scheint. Da sie auf einen kleinen Kreis von Forschern beschränkt blieb, die sich auf wenige Länder konzentrierten und von denen viele sich genötigt sahen, ins Exil zu gehen, gelang es der Finanzsoziologie nicht, die kritische Masse zu erreichen, die es ihr erlaubt hätte, wenn schon nicht sich weiterzuentwickeln, so doch zumindest, eine signifikante Präsenz und Aktivität aufrechtzuerhalten trotz der Triumphe der Reaktion in Europa. Sie sollte bald einen unendlich langen Winter erleben, in dem sie nur als isoliertes und marginales gedankliches Rinnsal überdauerte. In diesem Rahmen verdient wiederum ein Name, hervorgehoben zu werden, der von Fritz Karl Mann.[6]

Erst zu Beginn der siebziger Jahre, im Kielwasser des Wiederauflebens des kritischen Denkens, erlebte die Finanzsoziologie einen zweiten Frühling. Die ersten Impulse kamen diesmal von den Vereinigten Staaten, insbesondere von James O'Connor.[7] Ein weiterer Unterschied ist der, dass die Forschungen, ohne wirklich zahlreicher zu sein als nach dem Ersten Weltkrieg, innerhalb eines etwas grösseren geographischen Raums durchgeführt wurden, auch im angelsächsischen Raum und in Frankreich. Und weil sie sich vor allem aus einer breitgefächerten, marxistisch inspirierten Debatte speisten, die während der ganzen siebziger Jahre geführt wurde, was die Strukturen und Funktionen des Staates betraf, sind diese Forschungen mehr geprägt durch den marxistischen Ansatz als diejenigen in der Zeit nach dem Ersten Weltkrieg. In dieser Hinsicht scheinen die Arbeiten von Rudolf Hickel, Rolf Richard Grauhan und Michael Krätke besonders signifikant zu sein.[8]

Dieser zweite Frühling erwies sich kaum als dauerhafter als der erste. Seit dem Beginn der achtziger Jahre, unter dem wachsenden und heute praktisch hegemonialen Einfluss der neoliberalen Ideologie, die sich im Bereich der Analyse des Staats und der öffentlichen Finanzen in Form der *Neuen politischen Ökonomie* präsentiert und näherhin der *Public Choice Theorie*, wurde die Finanzsoziologie gewaltig zurückgedrängt. Seitdem überlebt sie wiederum nur am Rande der etablierten Staats- und Finanzwissenschaft.

Hierin liegt auch und vielleicht vor allem die Bedeutung der vorliegenden Arbeit. Sie speist sich aus diesen weitgehend im Untergrund angestellten Überlegungen, und mittels der Untersuchung eines konkreten Falls bringt sie deren heuristischen Wert ans Licht. Damit leistet sie ihren Beitrag für die wahrscheinliche Heraufkunft eines dritten Frühlings der Finanzsoziologie. Ein Frühling, aus dem hoffentlich diesmal ein Sommer wird, damit die Ernte eingebracht werden kann, die für die Fortdauer des Kreislaufs notwendig ist.

Sébastien Guex

ANMERKUNGEN

1 Walter Benjamin, *Schriften*, Band II/1, Frankfurt 1977, S. 337.
2 Victor Klemperer, *LTI. Notizbuch eines Philologen*, Leipzig 1990, S. 100.
3 a.a.O.
4 Diese 1917 in Wien veröffentlichte Arbeit ist wiederaufgenommen in Rudolf Hickel (Hg.), *Die Finanzkrise des Steuerstaats. Beiträge zur politischen Ökonomie der Staatsfinanzen*, Frankfurt a. M. 1976, S. 40-252.
5 Diese 1918 in Graz und Leipzig erschienene Studie ist wiederaufgenommen a.a.O., S. 329-379.

6   Cf. *Die Staatswirtschaft unserer Zeit*, Jena 1930 und *Finanztheorie und Finanzsoziologie*, Göttingen 1959.
7   Cf. *The Fiscal Crisis of the State*, New York 1973 (dt.: *Die Finanzkrise des Steuerstaats*, Frankfurt a. M. 1974).
8   Cf. insbesondere die oben erwähnte, von Rudolf Hickel herausgegebene Arbeit; ferner Rolf Richard Grauhan, Rudolf Hickel, »Krise des Steuerstaats? – Widersprüche, Ausweichstrategien, Perspektiven staatlicher Politik«, in *Leviathan*, Sonderheft 1, 1978, S. 7-33; Michael Krätke, *Kritik der Staatsfinanzen. Zur politischen Ökonomie des Steuerstaats*, Hamburg 1984.

Einleitung

New Public Management? Ein technisches, sprödes Terrain, welches man gerne den Spezialisten – Verwaltungswissenschafter, Consultants und Chefbeamte – überlässt, die heute daran sind, privatwirtschaftliche Unternehmensstrukturen und -praktiken auf den öffentlichen Sektor zu übertragen. *Lean Management, Outsourcing, Benchmarking...* die Handbücher sind voll von betriebswirtschaftlichen Fachbegriffen, mit deren Hilfe die Verwaltung zum »Konzern« wird, der seine Leistungen als »Produkte« auf dem Markt verkauft. Die Regierung wird zur »Konzernleitung«, die ihre Kompetenzen weitgehend an die Verwaltungsabteilungen als möglichst selbständig operierende »Profitcenters« delegiert. Bürgerinnen und Bürger werden zu »Kundinnen« oder »Kunden«, und im Namen der Kostensenkung und der Rationalisierung wird die Notwendigkeit der Effizienzsteigerung der Produktion öffentlicher Leistungen zum obersten Prinzip erhoben. Dass dieses privatwirtschaftliche Vokabular des *New Public Management* (NPM) tief in den politischen *common sense* eingedrungen ist, bezeugt auch die Äusserung, mit der der Zürcher Regierungspräsident Hans Hofmann 1996 die Ziele des »radikalsten Reformprojekts des Staates der letzten Jahrzehnte« umschrieb: »Es gilt, den Staat zu einem modernen Dienstleistungsunternehmen zu machen.«[1]

Die Verwaltungsreform mit dem Kürzel »wif!« (»Wirkungsorientierte Führung der Verwaltung im Kanton Zürich«) sieht vor, unter der Leitung des ehemaligen Professors für Verwaltungswissenschaft und heutigen Regierungsrates Ernst Buschor bis ins Jahr 2003 die gesamte Verwaltung des politisch wie ökonomisch bedeutendsten Schweizer Kantons nach den Leitsätzen des NPM umzubauen. Wenige Jahre vor dem Abschluss bietet wif! Anschauungsunterricht über die Tragweite des NPM-Ansatzes und steht daher im Zentrum dieser Studie.

Der öffentliche Sektor des Kantons Zürich ist jedoch bei weitem nicht der einzige, der nach den Richtlinien des NPM umgebaut wird. Nach dem Startschuss durch die Zürcher Regierung haben sich nach und nach eine Vielzahl der Schweizer Kommunen, die grosse Mehrheit der Kantone und der Bund dem NPM-Modell verpflichtet[2]. Die Modernisierungswelle in den öffentlichen Diensten hat inzwischen alle westlichen Gesellschaften erfasst. Somit kann durchaus von dem Beginn eines *»age of administrative reform«*[3] gesprochen werden: Wie die jährlichen OECD-Berichte beweisen, orientieren sich immer mehr Regierungen an betriebswirtschaftlichen Reformstrategien, um »die Gründe zu überdenken, welche staatliche Interventionen und deren Effizienz im Verhältnis zu den Kosten der öffentlichen Institutionen legitimieren«. Kurzum, NPM soll allenthalben helfen, »mit weniger Geld besser und vor allem anders zu handeln«[4].

Mit weniger Geld besser handeln: wer wäre schon dagegen? NPM-Reformen geniessen heute einen grossen parteiübergreifenden Rückhalt. Insbesondere die modernisierte Sozialdemokratie sieht im betriebswirtschaftlichen Management den Schlüssel, wie die Verwaltung effizienter gestaltet und die Staatsfinanzen saniert werden sollen, ohne dass auf radikalen Sozialabbau oder Privatisierungen zurückgegriffen werden muss.

Es gibt aber keine unpolitischen Reformen: NPM bietet Lösungen für einen Sektor, in den je nach Land und Periode 25 bis 50 Prozent des Volkseinkommens fliesst und von da aus über verschiedene Leistungen (um)verteilt wird und der zehn bis 25 Prozent der aktiven Bevölkerung beschäftigt. Reformen des öffentlichen Sektors haben also beträchtliche Auswirkungen auf Wirtschaft und Gesellschaft und beantworten eine grundsätzlich politische Frage, die der französische Ökonom Maxime Durand wie folgt formuliert: »Entweder entscheidet sich eine Gesellschaft dafür, gewisse Bedürfnisse durch sozialisierte Abläufe zu decken, die den Zugang zu den Leistungen unabhängig von der individuellen Kaufkraft regeln, oder sie entschliesst sich im Gegenteil dafür, nur für die rentablen Bedürfnisse aufzukommen.«[5] Die Tragweite dieser Frage allein rechtfertigt, NPM einer historischen und kritischen Analyse zu unterziehen.

Historisch, weil sich die vorliegende Arbeit in eine theoretische Traditionslinie einschreiben will, die den Daseinsgrund von Institutionen »im Feld antagonistischer oder komplementärer Kräfte« verortet, welche »im und durch den Kampf die Realität der Institutionen und ihrer sozialen Effekte, der vorhergesehenen wie der unvorhergesehenen«[6], fortlaufend definiert und umdefiniert und neue Widersprüche eröffnet. Kritisch, weil dieser Arbeit die These zugrundeliegt, dass die Wahl des gesellschaftlichen Modells, das mit Hilfe von NPM durchgesetzt werden soll, unzweideutig ist: Der Imperativ der Rentabilität drängt dazu, die kaufkräftige Nachfrage gegenüber den Rechtsansprüchen zu privilegieren. Nicht alle Bürgerinnen und Bürger werden je den Status von umworbenen »Kundinnen« oder »Kunden« erreichen, nicht die Entmündigten, nicht die Strafgefangenen, nicht die papierlosen Ausländerinnen und Ausländer. Mit der Senkung staatlicher Personalausgaben und Rationalisierungen im öffentlichen Dienst, systematischer Privatisierung der profitabelsten Sektoren, dem Abbau staatlicher Umverteilungspolitik sowie Steuer- und Subventionspolitik, die die Besitz- und Vermögenseinkommen durch Steuergeschenke und Privilegien begünstigen, stehen NPM-Modelle für einen Staat, der im Namen der Wettbewerbsfähigkeit alle (angeblich) vermarktbaren Bereiche vermarktet und sich durch die Übernahme kapitalkonformer Unternehmensstrukturen auf den Staat in den ausschliesslichen Dienst der Partikularinteressen mächtiger Unternehmerkreise stellt.

Die vorliegende Studie ist in vier Teile strukturiert. Der erste formuliert die Theorieelemente, die zusammengefasst unter dem Begriff einer *Finanzsoziologie des New Public Management* dieser Arbeit zugrunde liegen. Der zweite Teil stellt die Frage nach den hauptsächlichen Akteuren der Reformen und zeichnet nach, wie sich im Verlaufe der letzten Jahrzehnte eine *Reformelite* herausgebildet hat, der es heute obliegt, verschiedene gesellschaftliche Interessen zu einem gemeinsamen hegemonialen Projekt zu bündeln: das Projekt einer neoliberalen Gegenreform in den öffentlichen Diensten. Diese Gegenreform wird im dritten Teil näher analysiert. Ausgehend vom Beispiel des Kantons Zürich wird herausgearbeitet, wie NPM im Einklang mit der Strategie einer Politik der leeren Kassen als finanzpolitisches *Zwillingspaar* eingesetzt wurde, um weitgehende gesellschaftspolitische Zielsetzungen zu verwirklichen. Im vierten und letzten Teil wird diese Gegenreform schliesslich auf ihre sozialen und ökonomischen Folgen hin beurteilt und einer alternativen Entwicklungsperspektive gegenübergestellt: der direktdemokratischen Erfahrung des *Partizipativen Budgets* in der brasilianischen Stadt Porto Alegre.

1.
Vom Service Public zum modernen Dienstleistungsunternehmen

Über kaum einen Bereich wird in den Sozialwissenschaften so viel geschrieben wie den staatlichen: Staatliches Handeln und staatliche Institutionen sowie deren Wechselwirkungen mit der gesellschaftlichen Entwicklung bilden eines der Themenfelder, welches Politikwissenschaftlerinnen und -wissenschaftler, Soziologinnen und Soziologen, Historikerinnen und Historiker mit Vorliebe bearbeiten. Allzu selten jedoch fällt dabei der Blick der Forschenden auf das »aller täuschenden Ideologien entkleidete Gerippe des Staates«, wie der Begründer der Finanzsoziologie, Rudolf Goldscheid, 1917 die Staatsfinanzen charakterisierte, jenes »Gemenge harter, nackter Tatsachen, die erst noch in den Bereich der Soziologie gezogen werden müssen«[7].

Hinter dem Übergang des *Service Public* zum »modernen Dienstleistungsunternehmen« stehen in der Tat in erster Linie finanzpolitische und fiskalische Überlegungen. Dieser Sachverhalt wird jedoch in der sozialwissenschaftlichen Diskussion um die »Modernisierung des Staates« konsequent ausgeblendet.

MODERNISIERUNG DES STAATES – MODERNISIERUNG FÜR WEN?

Ersatzweise wird für das neuerliche Aufkommen der Verwaltungsreformdebatten die »Vertrauens- und Legitimationskrise« des Sozialstaats als eigentliche Ursache bezeichnet, welche sich in der »Ernüchterung hinsichtlich der Staatstätigkeit, einer Vertrauenskrise, [entstanden] aus der Kluft zwischen den ehrgeizigen Zielen einerseits und den durch interventionistische Massnahmen erreichten Resultaten andererseits«[8], herausgebildet habe. Stellvertretend für diese Position hält der Schweizer Politologe Jean-Daniel Delley fest, dass diese Krise »der wachsenden Komplexität der Gesellschaft anzurechnen« sei, die den Staat in eine prekäre Situation gebracht hätte: Der Sozialstaat habe so lange gut funktioniert, als es sich darum handelte, auf einer homogenen Grundlage Leistungen in einer Gesellschaft zu erbringen, die ebenfalls relativ stabil und homogen war. »Das Modell begann heisszulaufen, als es sich mit einer sich immer rascher entwickelnden Gesellschaft konfrontiert sah, die sich soziologisch zersplitterte und in der Folge immer differenziertere Forderungen an den Staat stellte.«[9]

NPM erscheint in dieser Perspektive als ein »neues institutionelles Design«, das den Staat von überschiessenden Aufgaben entlastet. Der *Service Public* soll nur noch die Aufgaben im Kernbereich der staatlichen Verantwortung selbst erfüllen: »Frei von bürokratischen Fesseln, die oft demotivierend wirken, kostenbewusstes Handeln erschweren und situationsbezogenen Lösungen im Wege stehen, soll die Verwaltung die Möglichkeit erhalten, ihre Position am Markt der gesellschaftlichen Akzeptanz zu stärken und im Wettbewerb mit anderen öffentlichen und privaten Anbietern zu bestehen.«[10] Diese »Entlastung«

des Staates geht Hand in Hand mit seiner organisatorischen Neuordnung. Die so genannte »Kulturrevolution in der öffentlichen Verwaltung«[11] führe durch die Übernahme des Konzernmodells und dem Einsatz zusätzlicher neuer Führungsinstrumente (*Lean Production*, Qualitätsmanagement oder *Programmcontrolling*) zu einer Entbürokratisierung der Verwaltung und verwandle die Beamtin und den Beamten in »*Intrapreneure* (Entrepreneur = Unternehmer, Intrapreneur = der sich unternehmerisch verhaltende Mitarbeiter)«[12].

Die »Modernisierungs«-Debatte ist ein eindringliches Beispiel dafür, wie die klassische politikwissenschaftliche Perspektive ihre Problemdefinition einzig vom Erkenntnisinteresse staatlicher Bürokratien bezieht. Dabei übernimmt sie, wie Pierre Bourdieu kritisiert, »das Denken des Staates und wendet auf den Staat Denkkategorien an, die der Staat selbst produziert und garantiert. Sie verkennt dabei die tieferliegende Wahrheit des Staates.«[13] Mit anderen Worten ist jedes System, das seine Probleme formulieren und lösen kann, rational. Wie es das fertigbringt, zu wessen Gunsten und zu wessen Lasten ist gleichgültig.

Josef Esser und Joachim Hirsch plädierten in den achtziger Jahren dafür, die Grundstruktur staatlicher Institutionen und die Bedingungen, Spielräume und Grenzen staatlichen Handelns als Ausdruck zugrundeliegender Kräfteverhältnisse zwischen Klassen zu begreifen, denn »solange man Ökonomie und Sozialstruktur nur als äusseren Bedingungsrahmen eines ansonsten unabhängigen ›politischen Systems‹ begreift und nicht realisiert, dass dieses selbst ein unter bestimmten Formbestimmungen stehender Bestandteil ökonomischer und sozialer (Klassen-) Beziehungen ist, wird es nicht zu überschreitende Erkenntnisgrenzen geben.«[14] In der Tat kann schlecht darüber hinweg gesehen werden, dass sich die so genannte »Kulturrevolution« im öffentlichen Dienst vor dem Hintergrund von Stellenabbau, Privatisierungs- und Austeritätspolitiken sowie massiven Leistungsreduktionen abspielt.

Der Berliner Politologe Bodo Zeuner hat in diesem Sinne den Versuch unternommen, NPM in den weiteren Zusammenhang der ökonomischen Restrukturierungen des staatlichen Sektors zu stellen, welche mit der neoliberalen politischen Wende praktisch sämtliche Staaten erfasst haben. In seiner Typologie verschiedener Privatisierungsformen nennt er *Staatskapitalprivatisierung* jene Veräußerung von erwerbswirtschaftlichen Unternehmen (beispielsweise staatliche Automobilindustrie, Banken, Stahlwerke usw.), die sich in Staatsbesitz befinden. Diese Unternehmen gehörten noch bis vor kurzem in den meisten europäischen Staaten zum wesentlichen Merkmal einer *»mixed economy«* und waren die ersten, die privatisiert wurden.

Als *Aufgabenprivatisierung* bezeichnet Zeuner die Reformen im Bereich der Infrastruktur, »welche bisher wegen des Monopolcharakters der Produktion oder der Produkte und der sozialen Bedeutung des Zugangs zu öffentlichen Gütern ganz selbstverständlich als Träger öffentlicher Aufgaben akzeptiert wurden.«[15] Der Unterschied zur oben genannten Privatisierungsform besteht darin, dass hier nicht einfach Eigentumsanteile an Unternehmen vom Staat an Private verkauft werden, sondern dass die vormals öffentlichen Aufgaben (z.B. Post, Telekommunikation, Bahn, Wasserwirtschaft) nun von profitwirtschaftlichen Trägern übernommen werden, wodurch sich der Charakter der Aufgabenerfüllung meistens erheblich ändert. Die Staatsbetriebe sind nunmehr rechtlich dazu verpflichtet, in Konkurrenz zu neuen Anbietern den Profit zu mehren – »also Preise bis an die Zumutbarkeitsgrenze anzuheben, unrentable Angebote, die sozial aber erwünscht sein könnten, zu streichen, dem Unternehmen Konkurrenznachteile, die durch die Einhaltung gemeinwohlorientierter Vorgaben entstehen können zu ersparen, etc.«[16] Denn unter dem Zwang, kostendeckend zu arbeiten, wird es für die Anbieter von Dienstleistungen nunmehr dysfunktional, einen Briefträger ins abgelegene Dorf zu schicken oder die von nur wenigen Einwohnern genutzte Nebenstrecke der Eisenbahn weiterzubetreiben. Dies führt im Extremfall zur gänzlichen Abschaffung von Dienstleistungen, die bei Bedarf nur noch durch das Angebot des Marktes erfüllt werden.

Zu guter letzt führt Zeuner die *Staatsprivatisierung* an, welche die öffentlichen Dienste im engeren Sinn (Bildungs- und Gesundheitswesen), sowie die klassische »hoheitlichen« Kernbereiche staatlicher Tätigkeit (Polizei, Steuerwesen, Einwohner- und Eigentumsregistrierung, Militär usw.) betrifft. Betriebswirtschaftliche Normen und privatwirtschaftliche Arbeitsverhältnisse werden eingeführt, ohne dass sich an den Eigentumsverhältnissen etwas ändert. Grundsätzlich gilt dabei das Prinzip der Kostenwahrheit: Gebühren und Entgelte werden grundsätzlich gegenüber allgemeinen Steuern bevorzugt, um den Nutzniesserinnen und Nutzniessern kostengerechte Preise zu verrechnen, welche ihnen den volkswirtschaftlichen Ressourcenverzehr anzeigen und sie zu einer sparsameren Nutzung anregen sollen.

VON DER LEGITIMATIONSKRISE DES SOZIALSTAATS ZUR FINANZKRISE DES STEUERSTAATS

Heinz Allenspach ist in diesem Sinne zuzustimmen, für den NPM »eine Brücke oder Zwischenform zur Privatisierung bildet.«[17] Damit drückt der langjährige Direktor der Arbeitgeber-Organisationen aus, was für diesen Zusammenhang von Interesse ist: Es findet heute eine so genannte »Devolution« statt, d. h. die »Rückverlagerung« von ehemals staatlichen Aufgaben in den privatwirtschaftlichen Bereich, deren explizites Ziel ist, die öffentlichen Ausgaben zu senken: »Es ist kein Zufall, dass sich *New Public Management* als politische Forderung erst in der gegenwärtigen Zeit der permanenten Haushaltsdefizite der öffentlichen Hand durchgesetzt hat.«[18] Dafür spricht auch eine Umfrage bei Schweizer Verwaltungsstellen über ihre Erfahrungen mit NPM, welche 1996 durch die Consulting-Firma *Unysis* durchgeführt wurde: Mehr als 50 Prozent der Amtsleiter gaben zu Protokoll, dass sie NPM als blosses Mittel zur Kostensenkung benutzten – veränderte Anforderungen von Bevölkerung und Personal kamen erst in zweiter Linie als Grund hinzu.[19]

NPM erscheint unter diesem Licht weniger als Antwort auf die »Legitimationskrise des Sozialstaats«, denn als Ausdruck der »Strukturkrise der öffentlichen Finanzen«: Ergeben sich Finanzierungsschwierigkeiten für die öffentlichen Dienste, so werden die politischen Hauptakteure dort einen Ausweg suchen, wo sie die geringsten Widerstände finden. Je nach gesellschaftlichen Kräfteverhältnissen werden sie in weitem Umfang Leistungen an die Bürgerinnen und Bürger und die Bestände öffentlicher Beschäftigter abbauen und Kosten auf Private abzuwälzen versuchen. Und in der Tat deutet alles auf eine Verschiebung der Kräfteverhältnisse innerhalb der Klassenbeziehungen hin, welche sich vor dem Hintergrund der neoliberalen politischen Wende der achtziger Jahre vollzogen und ein komplett neues Staatskonzept hervorgebracht hat. Dieses bewerkstelligte den Wandel vom keynesianischen Wohlfahrtsstaat, der darauf bedacht war, die Nachfrage im Interesse der Vollbeschäftigung zu regeln und soziale Rechte über den Massenkonsum auszuweiten, zu einem Staat, dessen Hauptanliegen es ist, »Innovationen auf der Angebotsseite zu fördern sowie Tempo und Zielrichtung des technologischen Wandels mitzubestimmen und seine Wohlfahrtstätigkeit aus der Sicht der Auswirkungen auf die Flexibilität des Arbeitsmarktes und/oder auf die strukturelle Konkurrenzfähigkeit zu reorganisieren.«[20] Für Joachim Hirsch, der in diesem Zusammenhang den Begriff des »nationalen Wettbewerbsstaats« geprägt hat, beruht seine Funktionslogik »in der alle sozialen Sphären umgreifenden Ausrichtung der Gesellschaft auf das Ziel globaler Wettbewerbsfähigkeit, deren Grundlage die Profitabilität von ›Standorten‹ für ein international immer flexibler werdendes Kapital ist«[21].

Der Übergang zum Wettbewerbsstaat wird allerdings nur verständlich, wenn er vor dem Hintergrund der Krise des Spätkapitalismus betrachtet wird, welche in der Mitte der siebziger Jahre für den Zusammenbruch sämtlicher ökonomischer Hauptkennziffern (Produktivität, Profit, Wachstum) verantwortlich war. Erst die neoliberale Wende der achtziger Jahre ermöglichte den grossen Unternehmen, ähnliche, wenn nicht höhere Profitraten wiederzuerlangen. Dies wurde insbesondere durch zwei Mechanismen ermöglicht, welche in engem Zusammenhang mit den Modernisierungen des öffentlichen Sektors stehen: Einerseits ist in Zeiten der Krise der Druck besonders hoch, die Rentabilität dadurch zu erhöhen, dass (direkte und indirekte) Löhne gedrückt werden, also auch die Steuern. Res Strehle fasst diesen Sachverhalt wie folgt zusammen: »Die Werte, die der Staat abschöpft, um etwa die Bildung zu finanzieren, kann er nicht aus dem Nichts schöpfen, sondern nur aus der produzierten Wertschöpfung, und folglich gehen sie durch Abschöpfung irgendwo verloren: bei den privaten verfügbaren Mitteln, sei es auf der Einkommensseite der Haushalte oder bei den Profiten der Unternehmungen. Und beides ist gegenwärtig für die Privatwirtschaft unakzeptabel, weil es entweder in den Haushalten Lohnforderungen begründet oder in den Unternehmungen die Profite direkt schmälert.«[22]

Andererseits gewinnen in der globalisierten Wirtschaft die transnationalen Unternehmen an Gewicht und können somit verstärkten Druck auf die Staaten machen, ihnen besonders rentable Sektoren der Staatswirtschaft zu übertragen. Wie Elmar Altvater und Birgit Mahnkopf festhalten, drängt »die Vermarktwirtschaftlichung […] nicht nur in noch nicht erfasste geographische Räume, sondern auch nach innen, in die Refugien des gesellschaftlichen Lebens«[23]. Die verschiedenen Formen der Privatisierung öffentlicher Dienste ermöglichen die Öffnung neuer Anlagefelder und sind somit Ausdruck für das enorme Interesse, welche private Investoren für die bisher weitgehend marktgeschützten bekunden, die regelrechte Wachstumsmärkte der Zukunft darstellen. Denn privatisierbar ist alles, was vermarktet werden kann und dem Unternehmer einen bescheidenen Gewinn bringt, also vor allem jene Bereiche, die heute schon rentabel sind (Telekom, Energie) oder jene, die durch Abstossen unrentabler Teile (Bahn, Post), Senkung der Personalkosten und Rationalisierungsmassnahmen (Gesundheits- und Bildungswesen) rentabel werden können[24].

Die »Reformen« im öffentlichen Sektor zielen auf eine Anhebung der Unternehmensrendite und auf eine Öffnung neuer Investitionsfelder, in der Erwartung, damit eine Revitalisierung der Akkumulationsdynamik erreichen zu können. Die modernistische Rhetorik ist daher keineswegs bloss als eine konservative oder reaktionäre

Infamie zu verstehen, sondern ist Ausdruck davon, dass sich, wie Pierre Bourdieu und Loïc Wacquant vermerken, »in den Kräfteverhältnissen zwischen den Klassen eine Wende zugunsten der Kapitaleigner vollzogen hat«[25].

ZUM WESEN DER ÖFFENTLICHEN DIENSTE: GESELLSCHAFTLICHE REPRODUKTION UND SERVICE PUBLIC

Die private Aneignung »öffentlicher Güter« ist somit nicht eine Managementtechnik unter vielen anderen, sondern entspringt einem Machtverhältnis in der Gesellschaft. Eine Finanzsoziologie des NPM kann – in den Worten Goldscheids – aufzeigen, »wie es die jeweiligen gesellschaftlichen Verhältnisse sind, die nicht nur den öffentlichen Bedarf und die Arten seiner mehr oder weniger direkten oder indirekten Befriedigung bestimmen, sondern dass deren Verflechtung und Wandel auch darüber entscheidet, welche Wechselbeziehungen zwischen öffentlichen Ausgaben und öffentlichen Einnahmen sich herausbilden.«[26]

Peter Gross, der Präsident der rechtsbürgerlichen Propagandaorganisation *Redressement National* hielt 1998 in der *Neuen Zürcher Zeitung (NZZ)* als Merkformel für finanzpolitische Kämpfe fest: »Die jeweils erste Frage lautet: Muss die Aufgabe überhaupt noch wahrgenommen werden? Wenn ja, folgt die zweite Frage: Ist sie immer noch durch den Staat selbst zu erfüllen? Und wenn auch diese Frage mit guten Gründen bejaht werden muss, stellt sich die dritte Frage: Wer bezahlt dafür, der Steuerzahler oder der Benützer?«[27] Diese Fragen können vorläufig mit Michael Krätke im Sinne der Finanzsoziologie wie folgt beantwortet werden: »Am besten sind die Staatsleistungen, die exklusiv, d.h. nur für die Angehörigen der eigenen Gruppe oder Klasse nutzbar und gratis sind, d.h. wofür vorwiegend die Konkurrenten und/oder Klassengegner aufkommen müssen.«[28]

Zwar haben neoliberale Theoretiker einen nicht unwesentlichen Forschungsaufwand betrieben, die eigentlichen »Kernbereiche« staatlicher Handlung abstrakt-theoretisch zu bestimmen. Jeder neue Anlauf in diese Richtung hat indessen nur Max Webers These bestätigt, dass es weltgeschichtlich kaum eine Aufgabe gibt, die Staaten nicht schon ausgeübt hätten, während es andererseits keine Tätigkeit des Staates gibt, die nicht auch schon von Privaten wahrgenommen worden wäre und wieder von Privaten wahrgenommen werden könnte. Es kann also nur historisch definiert werden, wann eine Gesellschaft entscheidet, gewisse Segmente des Wirtschaftsprozesses vom Markt zu entkoppeln und unter staatliche Obhut zu stellen.

Dabei ist, im Unterschied zur privatwirtschaftlichen Tätigkeit, für den Staat, wie Michael Krätke treffend herausstreicht, die Frage der Legitimität von entscheidendem Wert: »Für private Unternehmer ist gleichgültig, was sie produzieren. Für ihre Unternehmerentscheidung reicht das Kriterium der Profitabilität hin. Für den Staat als Produzenten dagegen handelt es sich um die Entscheidung der Frage, was er tut, d.h. hier produzieren darf und soll. Die Entscheidung dieser Frage hängt davon ab, was als legitime Staatsangelegenheit gelten soll, bzw. kann. […] Der bürgerliche Staat […] soll bei allem was er tut, imstande sein zu legitimieren, dass er es tut.«[29] Was als legitime, der Lösung bedürftige Staatsaufgabe erscheint, das hängt davon ab, welche Probleme in Form von Forderungen von Einzelnen und Gruppen artikulationsfähig sind und für oder gegen welche dieser Bedürfnisse und deren

Befriedigung sich Allianzen in der Gesellschaft zusammenbringen lassen. Ob es etwa einen staatlichen Gesundheitsdienst oder ein für alle zugängliches Bildungssystem gibt, hängt damit eng mit einer Variablen zusammen: der Entwicklung gesellschaftlicher und politischer Kräfteverhältnisse.

Jene Staatsaufgaben, die sich in der Entwicklungsgeschichte des Kapitalismus herausgebildet haben, können in der Formel Bourdieus zusammengefasst werden, wonach der Staat das »Monopol der physischen und symbolischen Gewalt«[30] besitzt und sowohl die genuin repressiven Funktionen (Armee, Polizei, Strafvollzug) umfasst, als auch die öffentlichen Dienste, deren relative Autonomie, häufig den eigenen Forderungen und Hierarchien vor den evidentesten Anforderungen des Wirtschaftssystems den Vorrang zu geben, als Gegenleistung für Dienste erscheint, die sie den einzelnen Gruppen der Gesellschaft leisten, indem sie zur Reproduktion des bestehenden gesellschaftlichen Systems beitragen und »jede soziale Gruppe davon überzeugen, dass es das beste für sie ist, an dem Platz zu bleiben, der ihr von Natur zukommt, und sich daran zu halten«[31].

Dennoch kann nicht darüber hinweggesehen werden, dass »der öffentliche Dienst an der Allgemeinheit [...] das Erbe von zwei Jahrhunderten sozialer Kämpfe«[32] ist. Denn »wo der Staat legitime Staatsleistungen erbringt, folgt er einer anderen ökonomischen Rationalität als privat(kapitalistische) Produzenten. [...] Funktionäre der nicht-kapitalistischen Produktion des Staates messen ihren Erfolg nicht in monetären Grössen, schon gar nicht in der relativen Geldgrösse ›Rentabilität‹.«[33] In der Tat bildet die gemeinsame Charakteristik öffentlicher Dienstleistungen ihre mehr oder weniger, über das Steuersystem finanzierte, sozialisierte Art und Weise der Finanzierung, und damit ist die Effizienz des *Service Public* auch nicht an Kapital- oder Umsatzrenditen zu messen, sondern daran, in welchem Grade sie die kollektiven Bedürfnisse befriedigen. »Diese Sozialisierung entzieht den betreffenden Gütern und Dienstleistungen bis zu einem gewissen Grad den Status einer Ware.«[34] Die Preissetzung in den öffentlichen Diensten und die steuervermittelte Finanzierung entkoppelt die Kosten der einzelnen Dienstleistung von dem vom Benutzer bezahlten Preis. Damit ist der öffentliche Dienst eine Art gesellschaftlicher Besitz und umfasst jene Art von Gütern und Dienstleistungen, die, wie Robert Castel schreibt, »man sich nicht individuell aneignen kann und die nicht am Markt angeboten werden können, die aber dem öffentlichen Wohl dienen. Als ausserhalb der Logik des Vermögens und des Reiches der privaten Güter stehend, gehört er in dieselbe Kategorie wie das Transfereigentum, welches die Sozialversicherung zur selben Zeit ausweitet.«[35] Daraus folgt die doppelte Maxime für den Staat als öffentlichen Eigentümer, »allen Staatsbürgern die gleiche Chance zu garantieren, die öffentlichen Sachen zu benutzen und zugleich jeden Gebrauch von solchem Staatseigentum zu verhindern, der einzelne Privatinteressen zum Schaden anderer bevorzugt. […] Freien und gleichen Zugang zum öffentlichen Eigentum sollen die Staatsbürger als solche haben, ungeachtet ihrer Ungleichheit als Privateigentümer.«[36]

Die Herausbildung dessen, was in der französischen Tradition als *Service Public* definiert wurde und seine juristische Verankerung in den Prinzipien der Konstanz der Rechtssicherheit, der Nicht-Diskriminierung im Zugang sowie der sozialisierten Finanzierung fand, gilt insbesondere in der regulationstheoretischen Literatur »als Verhaltensmodell und zentrales Bezugssystem der Nachkriegszeit«[37] und somit als Hauptpfeiler des fordistischen Klassenkompromisses. Damit sind die öffentlichen Dienste immer doppelter Natur: Einerseits sind sie Teil des kapitalistischen Reproduktionszusammenhangs »und erfahren den Druck des privaten Sektors als Kostensenkungsdruck und als Druck auf die konkrete Ausgestaltung der öffentlichen Dienste, welcher nicht nur seitens der Unternehmen, sondern auch und besonders von denjenigen Lohnabhängigen herrührt, die via steuerliche Umverteilung aus ihrem Lohnfonds grosse Teile des Sozialstaates finanzieren.« Andererseits sind sie »Dienste« an der Gesellschaft und Antwort auf tieferliegende Bedürfnisse, welche durch mächtige soziale Bewegungen getragen wurden. Ihre Klientel ist demnach »besonders im sozialstaatlichen Bereich hauptsächlich der unterprivilegierte Teil der Bevölkerung, welcher in der Inanspruchnahme öffentlicher Dienste seinen Anspruch auf gesellschaftliche Solidarität einfordert«[38].

Angesichts der Krise der Staatsfinanzen wird diese doppelte Natur heute in Frage gestellt. Denn glaubt man den Glaubenssätzen der NPM-Theoretiker, eröffnet sich heute für die staatliche Aufgabenerfüllung eine neue Legitimationsquelle: »Wettbewerb und Markt sind – auch für die staatliche Aufgabenerfüllung – sittlich, wenn sie zur Zielerreichung beitragen, also Nutzen für alle Betroffenen stiften.«[39]

DER SOZIALSTAAT UND DIE GRENZEN DES STEUERSTAATS

Es wurde bisher gezeigt, dass der Inhalt der Staatstätigkeit, »ähnlich wie der Wert der Arbeitskraft, ein historisch und moralisches Element [hat], das insofern ›variabel‹ ist, als seine konkrete Ausformung von den in einer bestimmten

Gesellschaft zu einer bestimmten Zeit herrschenden Kräfteverhältnissen abhängt«[40]. Dieses historische und moralische Element kann aber nicht darüber hinweg täuschen, dass der Staat für die Bereitstellung von öffentlichen Gütern und Leistungen von der privatkapitalistischen Produktions- und Akkumulationsweise abhängig ist. Bruno Thérets Konzept des »fiskal-finanzpolitischen Regimes« (»*régime fisco-financier*«) umschreibt eben diesen Sachverhalt: Auch relativ autonome gesellschaftliche Sektoren wie die öffentlichen Dienste sind an die kapitalistische Produktionsweise rückgebunden, denn »um autonom zu sein, müssen die verschiedenen Ordnungsmuster gesellschaftlicher Praktiken über ihr eigenes wirtschaftliches System materieller Wertschöpfung verfügen, welche für ihr Funktionieren notwendig ist«[41]. Solange die öffentlichen Dienste aber über die Steuerabschöpfung an die Funktionsweise der Privatwirtschaft gebunden sind, bedarf es einer spezifischen Legitimationsquelle, damit sich die Steuerzahlenden »freiwillig« der Steuererhebung unterwerfen. Das symbolische Kapital, über welches der Staat verfügt, um die durch ihn bereitgestellten Dienstleistungen als legitime Staatshandlungen zu präsentieren, funktioniert im Sinne Thérets als eine Art »Transformationssystem«, als notwendige »politisch-ökonomische Konversion«, durch die den Steuerzahlenden klar wird, dass der Zugang zu diesem Recht oder zu jener Dienstleistung einen gewissen materiellen Wert hat, und dass umgekehrt die fiskalische Abschöpfung die monetäre Übersetzung individueller oder kollektiver Bedürfnisbefriedigung darstellt. Dieses symbolische Kapital besitzt den Status einer »notwendigen Mediation des zirkularen Kausalverhältnisses zwischen physischer Gewalt und Fiskalmonopol«[42]. Die Legitimität öffentlicher Dienste gelangt spätestens dann ins Wanken, wenn deren Finanzierung durch eine Finanzkrise in Frage gestellt wird.

Finanzkrisenrhetorik und ein sozialwissenschaftlich brauchbarer Begriff von Finanzkrise sind jedoch zweierlei: Für das erste mag die von kaum jemandem bezweifelte Prognose eines chronischen oder chronisch wachsenden Budgetdefizits genügen, welche als Rechtfertigung der NPM-Reformen dient. Für das zweite aber bedarf es eines Begriffs von den Widersprüchen des Staats, die in der Finanzkrise zum Ausdruck kommen und »eines Begriffs davon, wie die Krise just zur vorläufigen ›Bereinigung‹ der Konflikte führt, die in ihr zum ›Ausbruch‹ kommen, mithin aber den Keim zur nächsten Krise legt.«[43] Das Modell der »fiskalischen Krise« von James O'Connor trägt diesen strukturellen Ursachen der Finanzkrise Rechnung: Es arbeitet mit zwei Kategorien von Kosten des privatkapitalistischen Produktionsprozesses, die sich als Ausgabearten im Staatshaushalt manifestieren. Auf der einen Seite finden sich staatliche Ausgaben, die unter der Zweckbestimmung stehen, die Profitabilität privater Wirtschaftstätigkeit zu erhalten, indem sie das Wirtschaftssystem mit »allgemeinen Produktionsbedingungen« (Raumplanung, Transportmittel, Geld, juristische Normen, Bildung, Hygiene usw.) versorgen. Man kann hier von einer Vergesellschaftung der privaten Kosten der Produktion sprechen. Auf der anderen Seite erfolgt eine Übernahme »sozialer Kosten« durch den Staat, welche sich in gesellschaftlichen Konflikten äussern, die Folge des kapitalistischen Produktionsprozesses sind. »Mit dem Zusammenhang zwischen wachsender aufgabenspezifischer Dauerintervention und fiskalischer Abhängigkeit vom Wachstum privater Wertschöpfung kommt ein ehernes Strukturproblem zum Ausdruck, das den Staat des entwickelten Kapitalismus stigmatisiert: die ›Finanzkrise des Staates‹.«[44]

Diese so bezeichnete »Finanzkrise des Staates« erhält ihre volle Bedeutung erst durch die Definition des Staates als Steuerstaat: Die strukturelle Finanzkrise des Steuerstaats äussert sich »einmal als geöffnete Schere zwischen wachsenden Anforderungen zur Finanzierung ›verstaatlichter‹ Voraussetzungs- und Folgekosten der Konkurrenzökonomie und den Grenzen der Steuerabschöpfung, die ihrerseits wieder von den Anlage- und Realisierungserfordernissen privat konkurrierender Kapitale bestimmt werden. [...] Zum anderen handelt es sich um eine Krise der Kernstruktur des Steuerstaats selbst, die daraus folgt, dass der hochentwickelte Akkumulationsprozess Funktionsanforderungen [...] hervorbringt, die mit dem allgemeinen Interventionsmedium Geld indirekt und nachträglich nicht verarbeitet werden können.«[45] Das Konzept des Steuerstaats beinhaltet in den Ausführungen Rudolf Hickels zwei Dimensionen: Erstens muss »die Verwendung der Steuern [...] so auf die Finanzierung von Staatsaufgaben gerichtet werden, dass durch eine zumindest minimale Aufgabenwahrnehmung innerhalb des Funktionskorridors des Interventionsstaats die Aufrechterhaltung und Entwicklung der Privatökonomie gesichert wird, da diese die Finanzierungsgrundlage des Staates ist.«[46] Und zweitens unterliegt die steuerliche Abschöpfung der privaten Wertschöpfung einer prinzipiellen Grenze. Schafft nun die privatwirtschaftliche Produktionsweise die Notwendigkeit immer weitergehender Staatstätigkeit, so kann diese nur über eine Ausdehnung der Steuerbasis realisiert werden. Nimmt jedoch gleichzeitig die »Belastbarkeit« der Privatwirtschaft etwa in der Krise ab, so gerät die Finanzpolitik in ein Dilemma: wachsende Anforderungen stehen sinkenden Einnahmen gegenüber. Der Sozialstaat stösst somit auf die Grenzen des Steuerstaats: »Abstrakt ist die Grenze dadurch charakterisiert, dass die Abschöpfung ihre Quelle, die wertschaffende Ökonomie, nicht zum Versiegen oder, besser, zum

›Schrumpfen‹ bringt. Psychologisierend wird diese ›Besteuerungsgrenze‹ in der finanzwissenschaftlichen Literatur als ›*psychological breakingpoint*‹ bezeichnet, bei dem der hinter privater Wertschöpfung stehende Akkumulationsimpuls zu erschlaffen droht.«[47] Dieser Punkt ist in seiner realen Ausprägung jedoch nur durch die politischen und gesellschaftlichen Kräfteverhältnisse, welche in einer Gesellschaft zu einem bestimmten Zeitpunkt zum Ausdruck kommen, determiniert.

Die »Legitimationskrise des Sozialstaats« als Finanzkrise des Steuerstaats umzudefinieren bedeutet also nichts anderes, als den Schwerpunkt der Analyse auf die finanzpolitischen Auseinandersetzungen um die verschiedenen Strategien, einen Ausweg aus diesem Dilemma zu finden, zu legen. Die Frage nach der Legitimationskrise erhält dadurch eine andere Note. Nicht die Akzeptanz einer abstrakt definierten »Bevölkerung« gegenüber staatlichen Handlungen ist hier im Spiel, sondern vielmehr die Partikularinteressen bestimmter gesellschaftlicher Kreise.

POLITIK DER LEEREN KASSEN UND STAATLICHE ÖKONOMISIERUNGSSTRATEGIEN

Vereinfachend gibt es prinzipiell zwei Möglichkeiten, die Finanzkrise zu überwinden: Die eine verortet sich auf der Ausgabenseite, die andere auf der Einnahmeseite der staatlichen Finanzen. Wie James O'Connor ausführt, bestimmen die bestehenden Kräfteverhältnisse, welche Lösungsstrategien eingeschlagen werden: »Mehrere Faktoren können, einzeln oder zusammen, die Krise kompensieren. Die Menschen, die die von der Regierung zur Verfügung gestellten Dienstleistungen benötigen, können ignoriert und ihre Bedürfnisse können vernachlässigt werden. [...] Ferner können die Leute gezwungen werden, höhere Steuern zu bezahlen.« Kurz: »Volumen und die Zusammensetzung der Regierungsausgaben und die Verteilung der Steuerlast werden nicht durch die Gesetze des Marktes determiniert, sondern sie spiegeln vielmehr die sozialen und ökonomischen Konflikte zwischen Klassen und Gruppen wider und werden durch diese strukturell bestimmt.«[48]

Was die Einnahmeseite angeht, so wurde bereits vermerkt, dass Versuche, die Steuern zu erhöhen auf Widerstände stossen, die je nach ideologischer Präferenz psychologisch, mathematisch oder gesellschaftlich erklärt werden. Im Rahmen dieser Arbeit genügt der letzte Ansatz, und es kann mit Karl Marx festgehalten werden, dass die Höhe und Kombination besonderer Steuerarten als Resultat vergangener Steuerkämpfe zwischen den verschiedenen Klassen der bürgerlichen Gesellschaft zu begreifen sind. Mit anderen Worten, setzen sich alle Klassen gegen Steuererhöhungen zur Wehr und tun alles, um die »Gehässigkeiten«[49] bestehender Formen der Besteuerung auf andere Schichten abzuwälzen. Steuerstaaten jedoch »suchen die Chancen zum Steuerwiderstand je nach Klassenlage der Steuerbürger ungleich zu verteilen. Steuerpolitik im bürgerlichen Staat ist in hohem Masse Steuerung des privaten Steuerwiderstandes.«[50]

In diesem Zusammenhang ist auf die so genannte »Politik der leeren Kassen« zu verweisen. Sébastien Guex, der den aus dem angelsächsischen Raum entlehnten Begriff der *politics of deficit*[51] für die schweizerische Finanzpolitik verwendet hat, geht dabei von der Hypothese aus, »dass die herrschende Klasse den Defiziten alles andere als abgeneigt ist. [...] Vielmehr tendiert sie zu einem ›armen Staat‹, einem Staat, [...] der permanent in einer instabilen finanziellen Situation bleibt.«[52] Durch diese explizite finanzpolitische Strategie beabsichtigen die besitzenden Klassen, durch Steuersenkungen dem Staat systematisch die finanziellen Ressourcen zu entziehen, um ihn u.a. zur Aufnahme öffentlicher Anleihen zu zwingen. Da die Kreditierung nicht gleichmässig durch alle Bevölkerungsschichten, sondern vor allem über die Geldvermögen der besitzenden Klassen erfolgt, sind »die Staatsschulden und die hierfür bezahlten Zinsen eine der wichtigsten Quellen für den sprunghaften Anstieg der Vermögenseinkommen in den letzten zwanzig Jahren« geworden. Und da die Zinsen vornehmlich aus Steuereinnahmen der lohnabhängigen Bevölkerungsmehrheit bezahlt werden, »sind die Staatsschulden zugleich ein Instrument, um einen Teil der Arbeitseinkommen in Vermögenseinkommen der Reichen und Wohlhabenden umzuwandeln«[53].

Der zentrale Vorteil dieser Politik besteht jedoch darin, mit dem Hinweis auf die »Löcher in der Staatskasse« die Forderungen dominierter Klassen leichter zurückzuweisen, damit »die potentiellen Umverteilungskapazitäten des Staates einzuschränken«[54], und somit das Hauptaugenmerk der Finanzpolitik auf die Ausgabenseite zu lenken: Durch anhaltenden finanzpolitischen Druck wird das Terrain für so genannte Reformen vorbereitet. Was den Inhalt dieser »Reformen« angeht, so ist die heute dominante Politik unzweideutig und lautet: Dienstleistungsorientierte Aufgaben sollen zurückgestutzt und deren profitable Sektoren privatisiert werden, um u.a. Qualitätseinschränkungen, Leistungsabbau und Preiserhöhungen über die Anonymität des Marktes zu »entpolitisieren«. Darüber hinaus sollen dadurch Finanzmittel für jene staatlich bereitgestellten Rahmenbedingungen und Infrastrukturleistungen freigemacht werden, welche für das Überleben der Marktwirtschaft notwendig sind, für die sie aber nicht selber aufkommen kann. Was dem Staat nach dieser Funktionsbereinigung noch an Aufgabenbewältigung verbleibt, soll durch interne Rationalisierung und die Übernahme privatwirtschaftlichen Rentabilitätsdenkens für öffentliche Dienstleistungsproduktion konzentriert werden. Es ist dies der Versuch, »die Ausgabenseite zu ökonomisieren, wobei sich Ökonomisierung als Verbesserung der Relation von Ausgaben und ›Erträgen‹ im Staatssektor darstellt.«[55]

Claus Offes und Volker Runges Definition der Rationalisierungs- und Austeritätsmassnahmen der siebziger Jahre als »Ökonomisierungsstrategien« trifft den Kern von NPM am genauesten. Die Hauptthese lautet, dass vor dem Hintergrund der Politik der leeren Kassen durch allgemeine Bemühungen zur Effizienzsteigerung sowie Umschichtungen im Staatshaushalt der Staatshaushalt vermehrt auf unmittelbare Funktionserfordernisse der Kapitalbewegung ausgerichtet werden soll. Politik der leeren Kassen und Ökonomisierungsstrategien sind somit ein unzertrennliches »Zwillingspaar« und bilden das, was man als »intelligentes Sparen« für die Durchsetzung der neoliberalen Gegenreformen bei den sozial- und dienstleistungsorientierten Staatsaufgaben bezeichnen könnte, die, »wenn sie unentgeltlich erbracht [werden], als kostenintensiver ›Staatsverbrauch‹ von Steuergeldern im Rahmen der notwendig an der Förderung privater Wertschöpfung orientierten Ausgabenpolitik des Steuerstaats nur nachrangig bedient werden [können], die aber, wenn sie über Gebühren oder private Entgelte konsequent ›verpreist‹ [werden], wiederum nur die auch am Markt starke ›kaufkräftige Nachfrage‹ zum Zuge kommen [lassen].«[56]

Zwar beteuern auch führende NPM-Theoretiker wie Kuno Schedler immer wieder, NPM sei »als Modell gegenüber der Politik neutral«, und es könne »sowohl zu

Aufgabenbeschränkungen als auch zu einer Ausweitung führen«[57], und tatsächlich kann theoretisch angenommen werden, dass NPM mittels Konzepten wie Kundennähe, Qualitätskontrolle und Wirksamkeitssteigerungen Verbesserungen für Bürgerinnen und Bürger ermöglichen könnte. Der Punkt aber ist, dass das zentrale Argument für Ökonomisierungsstrategien eben nicht das technische oder demokratische Argument ist, welche an sich erhebliche Qualitätsverbesserungen erlauben würden, sondern das fiskalische, das von den technisch »an sich« gegebenen Möglichkeiten diejenigen auswählt, mit denen möglichst viel Personal und Leistungen wegrationalisiert werden können. Ökonomisierungsstrategien richten sich nämlich nicht, wie Rolf Richard Grauhan bereits 1975 feststellte, »nach politisch diskutierten und gewählten Leistungsstandards, sondern nach der schlichten Übernahme des betriebswirtschaftlichen Kostenkalküls, Erhöhung des Kapitaleinsatzes pro Arbeitsplatz, auf die öffentliche Verwaltung«[58]. Rationalisierungstendenzen in den verschiedenen Dienstleistungsbereichen werden, wie am Zürcher Beispiel der Herabsetzung der Krankenhausverweildauer oder der Regelstudienzeiten zur Erhöhung der Umschlaggeschwindigkeit pro Krankenbett und Studienplatz mit ihren fiskalischen statt wirklich »leistungsorientierten« Standards für Heil- bzw. Studienerfolg noch gezeigt wird, in ihrer ganzen Fragwürdigkeit erkennbar: Es sind die Kostensenkungskalküle der kapitalistischen Produktion, die als Rationalisierungsstrategie ausgegeben werden und deren Verlust an rationalem Sinn hier nur besonders deutlich wird, und welche zwangsläufig zur quantitativen und qualitativen Einschränkung des Leistungsangebots, weiter steigenden Preisen und einer Intensivierung der Arbeitsrhythmen des öffentlichen Personals führen.

Somit sind die Ökonomisierungsstrategien weniger Ausdruck des Willens einer Steigerung staatlicher Leistungsfähigkeit, als vielmehr ein Instrument zur Anpassung der Haushaltsprioritäten an bestimmte gesellschaftliche Interessen. Aus diesem Blickwinkel wird NPM zum notwendigen Bestandteil der Umgestaltung der staatsinternen Organisationsformen und deren Ausrichtung auf die Konkurrenzfähigkeit: Zwar prägten »ökonomische ›Zwänge‹ auch bisher das Verwaltungshandeln, sie waren jedoch immer auf eine Vermittlung über die Politik angewiesen, da die Legitimation grundsätzlich über politische Ressourcen erfolgte. Nunmehr aber wird die Verwaltung zunehmend an eine scheinbar unpolitische Legitimationsquelle gebunden.«[59] Dies erfordert wiederum die Ausschaltung weiter Teile des demokratischen Prozesses bei der Haushaltsplanung, bei welcher in einer parlamentarischen Demokratie die Bürgerinnen und Bürger die formelle Möglichkeit besitzen, darüber mitzubestimmen, für welche Leistungen ihnen der Staat welche Art von Finanzierung abverlangen kann. Michael Krätke ist der Auffassung, dass erst ein Budget des Staates, »das regelmässig in allen Einzelheiten veröffentlicht, von der Zustimmung des Parlaments abhängig und fortlaufender parlamentarischer Kontrolle unterworfen wird [...] alle ökonomischen oder ökonomisch relevanten Staatstätigkeiten zum Gegenstand des politischen Entscheidungsprozesses in der bürgerlichen Demokratie macht. Auf der Grundlage eines voll ausgebildeten parlamentarischen Budgetrechtes wird im politischen Prozess faktisch darüber entschieden, welche Bedürfnisse welcher Privatleute oder welcher Gruppen und Klassen als legitime Staatsangelegenheit anerkannt werden sollen.«[60] Mit NPM wird dieses demokratische Grundrecht durch betriebswirtschaftliches Kalkül und technokratisch erarbeitete Indikatorensysteme ersetzt, welche die politische Zieldiskussion mit dem Knappheits- und Kostenargument als illusionär, utopisch und unvernünftig abweisen. NPM, wie auch andere Ökonomisierungsstrategien, »tendiert also zu einer spezifischen Entpolitisierung der Politik. Sie äussert sich im Verschwinden des Parlamentseinflusses auf die Haushaltspolitik [und] in der Entleerung der Haushaltsdebatten von programmatischer Zieldiskussion.«[61] Dass dies als bürgernahe Wirksamkeitssteigerung und neue Legitimationsbasis für staatliches Handeln ausgegeben werden kann, ist eine der ideologischen Leistungen der Verwaltungswissenschaft, d.h. der auf die Politik angewandten Betriebswirtschaftslehre.

2. Verwaltungswissenschaftliche Wissenschaftsproduktion und Reformeliten

Die Geschichte des NPM in der Schweiz ist, glaubt man Kuno Schedler, einem der führenden Theoretiker in diesem Bereich, die Geschichte jenes »herausragenden Verwaltungswissenschafters […] der den Begriff der Wirkungsorientierten Verwaltungsführung für die Schweiz prägte: der Zürcher Regierungsrat Ernst Buschor.«[62] Während langer Jahre Chefbeamter der Zürcher Finanzverwaltung, dann als Professor für Betriebswirtschaft öffentlicher Verwaltung an die Hochschule St. Gallen (HSG) gerufen, bis er 1993 in die Zürcher Kantonsregierung gewählt wurde, war Ernst Buschor zweifelsohne massgeblich an der Verbreitung des NPM-Gedankenguts im deutschsprachigen Raum beteiligt, und zwar mindestens in dreifacher Hinsicht: Einmal, indem er die traditionelle Importtätigkeit der HSG neoliberaler Theorien aus dem angelsächsischen Raum auf das Feld der Verwaltungswissenschaft ausgeweitet hat, weiter durch seine langjährige Beratertätigkeit in Sachen Verwaltungsreform unter anderem für das Eidgenössische Militärdepartement oder die österreichische Regierung und schliesslich durch die Umsetzung seiner eigenen theoretischen Arbeiten im »grössten NPM-Laboratorium«[63] der Schweiz, wie der kürzlich verstorbene Verwaltungswissenschafter Raimund Germann Zürich charakterisierte. Im Dunstkreis Ernst Buschors entstand innerhalb weniger Jahre ein Unterstützungskartell, welches die Reformdiskussion in der Schweiz ankurbelte und zu dessen wesentlichen Trägern Organisationen (u.a. die Schweizerische Gesellschaft für Verwaltungswissenschaften), Arbeitsgruppen der hohen Verwaltung und Unternehmensberatungsfirmen (u.a. die PuMa Consulting von Kuno Schedler) zählen. Der tragende Personenkreis dieses Kartells beschränkt sich weitgehend auf ehemalige Schüler und Assistenten Ernst Buschors, was die französischsprachige Zeitung *Le Nouveau Quotidien* zurecht als »die kleine Familie des NPM«[64] bezeichnete.

Ernst Buschor und seine »kleine Familie« können jedoch nur in einem ungenauen Sinne als »Auslöser« der Wende in den öffentlichen Diensten begriffen werden. Wenn auch die »Jahrhundertreformer« sich alle Mühe geben, NPM-Reformen als »Jahrhundertreformen« auszugeben, so sind diese Verwaltungswissenschafter und Consultants in erster Linie doch nur ein geistiger Reflex auf strukturelle Schranken und Widersprüche der Entwicklung, welche zur »Finanzkrise des Steuerstaats« geführt hat. Insofern liegt eine ihrer Funktionen darin, ein günstiges ideologisches Klima für die über mehrere Jahrzehnte hinweg vorbereiteten Gegenreformen zu schaffen und ihnen einen wissenschaftlichen Anstrich zu verleihen.

Tatsächlich tritt nirgends die Logik des symbolischen Kampfes in einer derart reinen Form zutage wie im politischen Kampf um die Benennung der sozialen Welt, und besonders im Kampf um die Definition, welche staatlichen Handlungen zu welchem Zeitpunkt als legitim gelten und welche nicht. Wenn unter symbolischer Gewalt eine Macht verstanden wird, »der es gelingt, Bedeutungen durchzusetzen und sie als legitim durchzusetzen, indem sie die Kräfteverhältnisse verschleiert, die ihrer Kraft zugrunde liegen«[65], dann besteht die grundsätzliche Strategie zur Kritik dieser Macht darin, ihren arbiträren Charakter bewusst zu machen und somit die Legitimität der (symbolischen) Ordnung und die ihr zugrunde liegenden gesellschaftlichen und politischen Kräfteverhältnisse in Frage zu stellen. Um mit Frank Deppe und Richard Detje einen ehemaligen deutschen CDU-Generalsekretär zu zitieren, hat »heute die Besetzung von Begriffen den gleichen politischen Stellenwert […] wie in früheren Zeiten die Besetzung von Bahnhöfen«[66].

Einer dieser Begriffe ist »Reform«, welches auf die Modernisierung der staatlichen Legitimationsbasis verweist, in Tat und Wahrheit aber restaurative Umbauschritte der öffentlichen Dienste meint, die darauf abzielen, die kollektiven Strukturen in Frage zu stellen, für die namentlich die aus der Tradition der Arbeiterbewegung stammenden gewerkschaftlichen und politischen Organisationen gut ein Jahrhundert lang gekämpft haben, und für die der Begriff der neoliberalen oder neokonservativen »Gegenreform« weit zutreffender ist[67]: Diese Gegenreform basiert auf einem »widersprüchlichen Ensemble von wirtschaftlichen Theorien, staatlichen Politiken und Unternehmensstrategien«[68], welche sich nach und nach zu einem hegemonialen Projekt artikuliert haben. Es ist hier zwar nicht die Stelle, den komplexen Zusammenhang der Herausbildung einer Hegemonie vor dem Hintergrund einer Theorie des entwickelten Kapitalismus systematisch zu entfalten, doch soll in Anknüpfung an Antonio Gramsci und Pierre Bourdieu versucht werden, die Hauptstränge ihrer Etablierung am Beispiel der Gegenreformen in den öffentlichen Diensten des Kantons Zürich aufzuzeigen. Dabei kann die Herausbildung einer solchen Hegemonie als ein Prozess verstanden werden, durch den widersprüchliche Klasseninteressen sich zu homogenen Forderungen herausbilden, vereinheitlichen, formulieren und umsetzen, bis eine Kombination solcher Interessen »dazu tendiert, das Übergewicht zu erlangen, sich durchzusetzen, sich über den gesamten gesellschaftlichen Bereich zu verbreiten, wobei sie über die Einheitlichkeit der ökonomischen und politischen Ziele hinaus auch die intellektuelle und moralische Einheit bewirkt«[69]. Wie Gramsci gezeigt hat, entsteht die Hegemonie auf dem Feld symbolischer Reproduktion, welches er »società civile« nannte, auf welchem Parteien, Wirtschaftsverbände und politische Gruppierungen sowie Universitäten, Medien, Intellektuellenzirkel und Consulting-Unternehmen zusammenspielen. Dieses Zusammenspiel auf dem ideologischen und politischen Auseinandersetzungsfeld bildet eines jener »Kampffelder«, auf denen in der Definition Bourdieus »um Wahrung oder Veränderung der Kräfteverhältnisse gerungen wird«[70].

Mit NPM nahm das betriebswirtschaftliche Kostenkalkül auf dem Feld, in dem um die Definition legitimer Staatshandlungen gekämpft wird, in der ersten Hälfte der neunziger Jahre überhand. Die relativ enge inhaltliche Verbindung zu akademischen Doktrinen und Lehren, durch welche sich NPM auszeichnet, erklärt allerdings noch nicht, weshalb sich NPM im Gegensatz zu früheren Ökonomisierungsstrategien heute auf einen breiten parteiübergreifenden Konsens stützen kann und warum die Betriebswirtschaft zur »Sprache des Staates« geworden ist, welche dazu dient, »einen dominanten Diskurs im Bereich des Personalmanagements, der Arbeitsbeziehungen und der öffentlichen Dienste neu zu erfinden, um die Restrukturierungen und den Abbau der Funktionen des bürgerlichen keynesianischen Staates zu rechtfertigen«[71].

Tatsächlich übernimmt NPM auch die widersprüchliche Kombination konservativer, neoliberaler und linker Staatskritik, durch die es in den letzten zwanzig Jahren ineinander wirkenden Kräften aus der privaten Wirtschaft und der Verwaltung, politischen Parteien und Intellektuellenkreisen gelang, den Interpretationsrahmen über staatliche Handlungen sukzessive soweit nach rechts zu verschieben, dass auch die Sozialdemokratie heute überwiegend mit der Sprache des Neoliberalismus spricht.

DIE KONSOLIDIERUNG DER WERTKONSERVATIVEN STAATSSKRITIK UND DER NEOLIBERALEN STANDORT-RHETORIK

Galten bei der Freisinnig-Demokratischen Partei (FDP) noch im Jahre 1973 »Chancengleichheit und Chancenvielfalt, soziale Sicherheit und materielle Unabhängigkeit« als »gesellschaftliche Voraussetzungen für die Entfaltung der Begabungen und der schöpferischen Kräfte«[72], so klagte bereits ein Jahr später der damalige freisinnige Präsident des Zürcher Kantonsrats und spätere Nationalrat Ulrich Bremi, dass wir »auf allen Gebieten […] unsere Verantwortung an den Staat [delegieren], weil wir uns keine eigene Leistung mehr zumuten. Von der Schule erwarten wir die Erziehung unserer Kinder, von Gemeinde und Kanton die Gestaltung unserer Freizeit, vom Bund die Vorsorge für unser Alter«[73]. Was Bremi eine »Anspruchsinflation« nannte, machte der seit jeher bürgerlich dominierte Regierungsrat des Kantons Zürich in seinen »Finanzpolitischen Grundlagen« von 1975 gar hauptverantwortlich für die sich abzeichnende Finanzkrise des

Staates: Steigender Wohlstand, welcher »die Begehrlichkeiten gegenüber dem Staat nicht etwa vermindert, sondern fördert«, sowie die Entwicklung zum Wohlfahrtsstaat, als »geistig-politischer Prozess, der durch einen tiefgreifenden Wandel der Einstellung des Bürgers zum Staat gekennzeichnet ist«, würden »die Zahlungsbereitschaft des Staates ernsthaft gefährden«[74]. Diese Zitate aus dem rechten politischen Spektrum des Kantons Zürich in der zweiten Hälfte der siebziger Jahre bezeugen die ideologische Konsolidierung neoliberaler Ideen angesichts der Finanzkrise des Staates, welche ihren Höhepunkt im Positionspapier »Mehr Freiheit und Selbstverantwortung – weniger Staat« erreichte, mit dem die FDP des Kantons Zürich 1979 erstmals in die Kantonsratswahlen zog. Damit wurde auch in der Schweiz definitiv jene Wende eingeläutet, welche die Politik der achtziger und neunziger Jahre prägte[75]: Der Ruf nach »weniger Staat« wurde eines der wichtigsten Worte neoliberaler Politik, Synonym für eine Vielzahl von konzeptionellen Vorschlägen zum Abbau sozialstaatlicher Aufgaben, zur Reduzierung der Gesetzgebung, zur Deregulierung und Privatisierung staatlicher Einrichtungen und Tätigkeiten sowie zur Rationalisierung der Verwaltung. Die dieser Forderung »eigene umgangssprachliche Anschaulichkeit und populistische Bürokratiekritik liess [sie] zugleich (im Kontext zu solchen Begriffen wie Globalisierung, Modernisierung, Reformen) zu einem Eckpfeiler des Bemühens der Neoliberalen um ideologische Hegemonie werden: als sprachliche Stimulanz zur Produktion eines falschen politischen Bewusstseins über die Ziele der neoliberalen Politik.«[76]

Sammelt man die begrifflichen Varianten der konservativen Bürokratie- und Sozialstaatskritik, so fällt auf, dass damit nicht nur der Staat denunziert wird, der die Gesellschaft mit einem allzu dichten Sozialnetz überzogen habe, sondern gleichzeitig die Bürgerin und der Bürger. Vom besagten Positionspapier der FDP über das konservative Sammelbändchen »Graubuch der Bürokratie« der Zürcher Sektion der Schweizerischen Volkspartei bis hin zum Zürcher Regierungsrat wurde und wird das Gespenst des totalitären Wohlfahrtsstaates an die Wand gemalt, der »die Freiheit des einzelnen Bürgers und der politischen Gemeinschaft in ihr Gegenteil [zu] verkehren«[77] drohe. Auch wiederholt sich die Klage über die »verteilungspolitische Überforderung« der Wirtschaft, die »begehrliche, wohlstandsverwöhnte Gesellschaft«, die »wachsenden Gleichheitsansprüche«, welche den »individuellen Leistungswille« und damit die »Dynamik und Erneuerungsfähigkeit der Wirtschaft«[78] schwächten. Neben einer ständig steigenden Steuer- und Staatsquote[79], verbunden mit anwachsender Staatsverschuldung, verschuldet der »Staat«, dass die Wirtschaft ihre internationale Wettbewerbsstellung verliert und dass private Investoren durch die öffentliche Hand verdrängt werden. Hans Letsch plädierte daher dafür, sich nicht mehr einfach »zu fragen, wie und wieviel neue Einnahmen sich wieder aus der Wirtschaft herauspressen liessen«, sondern nach Jahren »exzessiv gestiegener Fiskalbelastung […] daran zu denken, dass auch der Steuerzahler ein Mensch ist und dass es in diesem Land noch so etwas wie eine Wirtschaft gibt, die den Staat füttert.«[80]

Der Begriff der »Begehrlichkeit« verweist auf die übrigen Ausgestaltungen rechter Ideologie: Wer mehr hat, dem wird's geneidet; natürliche Ungleichheit zwischen den Menschen werde nicht akzeptiert; Leistungsunterschiede würden nicht belohnt. So bemängelte beispielsweise Hans Letsch, einer der bürgerlichen Vordenker der finanzpolitischen Gegenreformen, die exzessive »Demokratisierung der politischen Willensbildung«, welche es

»minderbemittelten Schichten der Bevölkerung [ermöglicht hätte], ihre Interessen in steigendem Masse durchzusetzen«[81]. Und weiter: »Ideologische und politische Faktoren haben den Ruf nach ›Gleichheit‹ und ›Fortschritt‹ akzentuiert«, womit heute »Neid in breiten Bevölkerungsteilen […] die Ausgaben- und Steuerentscheide im politischen Alltag«[82] prägten. Kurzum: Der Sozialstaat ersetzt, so die *NZZ*, den sparsamen, fleissigen, disziplinierten, sprich selbstverantwortlichen, sich selber helfenden Bürger durch »Schlendrian und Faulenzertum«[83].

Solche Argumente suggerieren, es gehe in der Sozial- und Finanzpolitik hauptsächlich um Willensanstrengung und moralischen Anstand: Menschen, die Ansprüche an den Staat stellen, müssen sich im Spiegel der Rhetorik, so der Philosoph Urs Marti, »als unersättliche Kinder wiedererkennen, denen es noch nicht gelungen ist, ihre Wünsche auf die Realität abzustimmen. Die selbsternannten Fachleute der Wirtschaftsverbände dagegen gefallen sich in der Rolle verantwortungsbewusster, weitsichtiger und zu strenger Enthaltsamkeit entschlossener Eltern.«[84]

Die neokonservative Offensive traf auf eine sichtliche Unfähigkeit der Linken, darauf zu antworten. Mehr noch: Oberflächlich gesehen waren Sozialstaat und Bürokratie in gleicher Weise Gegenstand der Kritik von Seiten der politischen Rechten wie der linken Alternativbewegung. Wo liegen die Unterschiede, wenn Selbsthilfe gegen Sozialstaatsbürokratie gesetzt wird, wenn der Fürsorgestaat kritisiert, seine Institutionen insgesamt abgelehnt werden? Als linkes historisches Pendant zum Slogan »Mehr Freiheit, mehr Selbstverantwortung – weniger Staat« liessen sich im Kampfspruch der Zürcher achtziger-Jahre-Bewegung »Macht aus dem Staat Gurkensalat« die eigensüchtige Bürokratie und die Institutionen des Gewaltapparats zur Festigung kapitalistischer Herrschaft ebenso subsumieren wie die Einrichtungen des Sozialstaates, die in Jahrzehnten von Arbeitskämpfen und gesellschaftlichen Konflikten, von sozialer und ökonomischer Regulierung des Kapitalismus errichtet und gefestigt worden waren. Diese undifferenzierte Staatskritik machte es konservativen und neoliberalen Politikern und Wirtschaftsvertretern in der Folge leicht, Elemente davon in das hegemoniale Projekt der Gegenreform aufzunehmen und sich dadurch die Unterstützung weiter Teile der alternativen wie auch der traditionellen Linken zu sichern. Letztere konnte insbesondere dadurch geködert werden, dass die in der Privatwirtschaft vermehrt artikulierten Forderungen nach Demokratisierung, Gleichstellung und Autonomie in den Arbeitsverhältnissen ab Mitte der siebziger Jahre auch ins Grundrepertoire des gewerkschaftlichen Kampfes im öffentlichen Dienst aufgenommen wurde. Im Zuge der neokonservativen Hegemoniebildung schienen all diese Forderungen nun vordergründig mit dem Ziel der Ökonomisierung des öffentlichen Sektors an Durchsetzbarkeit gewonnen zu haben.

Die »Revolution« in der Verwaltungswissenschaft

Parallel zur neokonservativen Wende im politischen und gesellschaftlichen Diskurs ist auch auf dem Feld der wissenschaftlichen Auseinandersetzung mit der angeblichen Ineffizienz des staatlichen Sektors ein Paradigmenwechsel festzustellen, der bis in die Verwaltungswissenschaft ausstrahlte. Marc Hufty beschreibt diesen Wechsel als »Übergang vom klassischen bürokratischen Paradigma, welches auf die Verbesserung öffentlicher Verwaltungen als Zentrum der Gesellschaft mit Hilfe wissenschaftlicher

Reflexion baute, zu einem ›postbürokratischen‹ Paradigma, welches sich auf die Neue Politische Ökonomie stützt, die Unterordnung des Staates gegenüber dem Markt fordert und sich eher am privatwirtschaftlichen Management orientiert als an der Verwaltung.«[85]

Das »klassische bürokratische Paradigma« gründete auf dem *scientific management* des Taylorismus, welches in der Schweiz in den dreissiger Jahren etwa im damaligen Bundeskanzler Oscar Leimgruber einen heissen Bewunderer fand. Im Gründungsfieber eines angehenden »Jahrhunderts der Rationalisierung« ging die Verwaltungswissenschaft vom Postulat aus, dass es eine Anzahl von allgemeingültigen Prinzipien gab, die sowohl auf private wie öffentliche Verwaltungen anwendbar seien. Durch technische Änderungen bezüglich der Gestaltung der öffentlichen Verwaltung sollte eine »geistige Umgestaltung und Erneuerung« möglich werden, »die das Verhältnis der Verwaltung zum Bürger ebenso ergreift, wie die Arbeitsweise der Beamten«[86].

Mit den Entwicklungen in der privatwirtschaftlichen Organisationsforschung wurde auch in der Verwaltungswissenschaft ab Mitte der fünfziger Jahre dem verstärkten Einbezug der Mitarbeitenden vermehrt Beachtung geschenkt. Vor allem die Forschergruppe um Dwight Waldo in den USA versuchte mit dem Konzept der *New Public Administration* sowohl den öffentlich Bediensteten als auch den Bürgerinnen und Bürgern mehr Demokratie bei der Entscheidung über das Verwaltungshandeln einzuräumen. Die Idee des *Public Management* entwickelte sich in den siebziger Jahren als Gegenbewegung zur *Public Administration*-Schule. Die *Public Managers*, und nicht die gewöhnlichen Mitarbeiterinnen und Mitarbeiter, sollten nach dem Muster der Privatwirtschaft mehr Freiraum erhalten und den staatlichen Bürokratien dynamisches Unternehmertum einhauchen.

Diese Wende, welche Ernst Buschor als jene der »erfreulichen Wiederentdeckung des Marktes«[87] charakterisierte, stützte sich auf die theoretischen Grundlagen der »Neuen Politischen Ökonomie«, Resultat jener neoklassischen »Revolution« in den Wirtschaftswissenschaften, deren Hauptpostulat, so Walter Wittmann, einer seiner führenden helvetischen Vertreter, »die nahtlose Eingliederung der Bürokratie als System in die Marktwirtschaft«[88] ist. Diese akademische Doktrin analysiert politische Verhaltensmuster ausschliesslich mit den Instrumenten der Ökonomie und empfiehlt das Marktmodell zum Export für jegliche Arten der gesellschaftlichen Entscheidungsprozesse: Die Einführung von Marktmechanismen setzen der Korruption und der Manipulation der Bürgerinnen und Bürger ein Ende und befreit sie von der Allmacht der Bürokratie. Die Neue Politische Ökonomie versteht sich daher grundsätzlich als wissenschaftliche Grundlage der oben skizzierten konservativen und neoliberalen Staatskritik, und die mit ihr verbundenen Empfehlungen sind vor allem in den USA und in England in stark popularisierter Form zur Formulierung und Durchsetzung der Gegenreformen genutzt worden[89].

Die Hauptparadigmen dieser Doktrin lassen sich in einigen wenigen Grundzügen darlegen. Die *Public Choice* Theorie[90] gibt den Takt an: Die Legitimität staatlicher Handlungen wird durch die Existenz eines »politischen Marktes« erklärt, in welchem sich die Akteure als »Nutzenmaximierungsmaschinen« verhalten. Im Wettbewerb um Stimmen bieten sie politische Programme an, deren Nutzen sich auf ihre Wähler konzentriert, deren Kosten aber auf die Allgemeinheit fallen. Daraus ergibt sich, insbesondere in Wahlperioden, eine schwer aufzuhaltende Zunahme der Staatstätigkeit. Die »Umverteilungshypothese« ist mit diesem Postulat eng verbunden: Da staatliche Leistungen über ein progressives Steuersystem finanziert werden, neigt die Mehrheit der Stimmberechtigten dazu, sich kraft politischer Massnahmen zulasten der begüterten Schichten, also mittels Einkommensumverteilung, ein höheres indirektes Einkommen zu verschaffen. Daraus folgt eine Übernachfrage nach staatlichen Dienstleistungen, was Politiker als Anlass eines (eigentlich überflüssigen) Ausbaus der Verwaltung nehmen.

Weil dieses so genannte »Trittbrettfahrer«-Dilemma besteht, ist die logische Schlussfolgerung daraus, dass der Staat keine anderen Dienstleistungen anbieten soll als jene, die eng als »reine öffentliche Güter« bezeichnet werden können: Diese sind ausschliesslich solche, die erstens von mehreren Konsumenten gleichzeitig konsumiert werden können, ohne dass sich dabei der Nutzen des einzelnen aus dem Konsum dieses Gutes reduziert, wenn weitere Konsumenten dazukommen. Zweitens kann niemand vom Konsum eines reinen öffentlichen Gutes ausgeschlossen werden. Beispiele sind etwa die Landesverteidigung, der Umweltschutz oder ein Leuchtturm – kein privater, gewinnorientierter Unternehmer würde je solche Güter anbieten, da er seine Kosten dabei nicht decken kann.

Für alle anderen Güter und Dienstleistungen gilt die Maxime: Der Markt kann die Befriedigung individueller Bedürfnisse rationeller und effizienter lösen, da nur er eine effiziente Allokation der individuellen Präferenzen gewährleisten kann. Der Staat würde bei der Bereitstellung »unechter« öffentlicher Güter den Kunden in seiner selbstverantwortlichen Wahl nur bevormunden[91]. Jene, die beauftragt sind, den individuellen Wählerwillen umzusetzen, sind nämlich ihrerseits zusätzlichen Dilemmata unterworfen: Einerseits verfügen, laut der *Principal-Agent*-Theorie, die Beamten (*Agents*) bei der Ausführung der Politiken der Entscheidungsträger (*Prinicipals*) über einen Machtvorsprung an Kompetenzen und Informationen, den sie zu ihrem eigenen Nutzen und nicht zum Nutzen der Gemeinschaft ausführen. Andererseits wurde mit Blick auf die verbandlich verfilzte Demokratie ökonomisch »bewiesen«, dass staatliche Regulierung »jeweils den ›regulierten‹ Industrien nützt, nicht jedoch dem Konsumenten, mit dessen angeblichen Interessen die Regulierung (fast) immer begründet wird«[92] – ein Argument, welches gerne zur Legitimierung der Schliessung von ländlichen Poststellen verwendet wird, nicht aber im Zusammenhang mit den Interessen der Pharmaindustrie im Gesundheitswesen.

Die Reformulierung der Ökonomie aus mikroökonomischer Perspektive ist ein weiteres Kernmerkmal der Neuen Politischen Ökonomie und bildete eine der theoretischen Grundlagen für die Privatisierungen. Ronald Coase trug zum Comeback der Betriebswirtschaft bei, indem er behauptete, dass moderne Grossorganisationen aus Gründen der Informationsübertragung und -verarbeitung nicht in der Lage seien, den Anforderungen einer sich rasch verändernden Welt nachzukommen[93]. Überlebenschancen haben Organisationen also nur, wenn sie sich in zahlreiche kleine »Unternehmereinheiten« aufspalten, die individuell den Bedürfnissen des Marktes nachkommen können.

In Anschluss an die damit verbundene Annahme, dass mikroökonomisch-rationales Verhalten makroökonomisch zu optimalen Ergebnissen führt, spiegelt schliesslich der Management-Ansatz »die Veränderung eines politischen Weltbildes, das in Wechselbeziehung zur Verwaltungswissenschaft steht, und das in den siebziger Jahren einen neuen Aufschwung erhielt: Ein Weltbild des Vertrauens in die Kraft des guten Managements«[94].

Zusammenfassend entstehen Bürokratieprobleme und letztlich die Finanzkrise des Staates durch »nichtmarktliche Handlungslogiken«[95] im Staatsapparat. Dies bringt die Neoliberalen dazu, deutliche Demokratieskepsis zu äussern und stattdessen ganz auf die »spontane Ordnungskraft von Wettbewerb und Konkurrenz« zu setzen. Die Lösung liegt auf der Hand: Der staatliche Sektor muss radikal privatisiert und dereguliert werden. Was danach noch an staatlichen Aufgaben übrigbleibt, soll einerseits durch institutionelle Massnahmen (wie z.B. gesetzliche Ausgabenbremsen) weitgehend aus dem demokratischen Zusammenhang entkoppelt werden. Andererseits soll, da sich die Akteure nutzenmaximierend verhalten, vermehrt auf marktliche Anreiz- und Sanktionsmechanismen rekurriert werden, um, wie Ernst Buschor in seiner Dissertation ausführte, auch bei Verwaltungen, »eine zu den Marktvorgängen möglichst analoge Optimierung der Staatsausgaben (Nutzenmaximierung)« sowie für einen »für die Stimmenmaximierung möglichst zweckmässigen politischen Entscheidungsmechanismus« zu finden und den Individuen mit einer »sozio-ökonomischen Wirkungslehre des staatlichen Mitteleinsatzes«[96] betriebswirtschaftliches Verhalten beizubringen. Mit anderen Worten, so Kuno Schedler, zieht der Wettbewerb einen Druck nach sich, »der automatisch zu Verbesserungen führt, ohne dass sie von oben angeordnet werden müssen«[97].

DAS NPM-MODELL: EINE »SECOND-BEST«-LÖSUNG

Aus diesem intellektuellen Kontext heraus wurde der Begriff des *New Public Management* 1991 von Christopher Hood[98] in die Verwaltungswissenschaften hineingetragen und 1992 durch den amerikanischen Bestseller *Reinventing Government*[99] von David Osborne und Ted Gaebler propagiert und popularisiert. In der Schweiz trug Ernst Buschor das NPM unter dem Namen der »Wirkungsorientierten Verwaltungsführung« in die öffentliche Diskussion um Finanzpolitik und Verwaltungsreformen. Die Neuigkeit des NPM besteht vor allem darin, wie Paul Fink erläutert, einer der wenigen Historiker, der sich den Ökonomisierungsstrategien im öffentlichen Dienst in der Schweiz zugewandt hat, »dass im Gegensatz zu den früheren betriebswirtschaftlichen Reformansätzen nicht die Neugestaltung der Verwaltung allein, sondern vielmehr jene des gesamten politisch-administrativen Systems angestrebt wird«[100]. Das NPM-Modell lässt sich, vereinfachend, an zehn Prinzipien und Instrumenten darstellen[101]:

1. *Das Prinzip einer eng betriebswirtschaftlich definierten Effizienz.* Der Staat soll nur noch die Rahmenbedingungen für den Markt aufrechterhalten (»Gewährleistungsstaat«). Privatisierungen, *Outsourcing* und Leistungsaufträge zwischen verselbständigten Verwaltungseinheiten in Verbund mit Marktöffnung und Wettbewerb versprechen eine höhere Kosteneffizienz: Kosten und Preise der Güter und Dienstleistungen werden dadurch reduziert, die Qualität der Produkte aber erhöht.

2. *Trennung kommerzieller und gemeinwirtschaftlicher Funktionen.* Bereiche, die nicht privatisiert werden können, sollen von Leistungen getrennt werden, »die ausschliesslich Einzelpersonen und Organisationen zugute kommen und von ihnen vollständig zu finanzieren sind«[102]. Allgemein soll eine regelmässige Aufgabenkritik (*Reengeneering*) institutionalisiert werden, damit geprüft

werden kann, »ob die entsprechenden Aufgaben wirklich vom Staat sichergestellt werden müssen (Zweckkritik), ob die Aufgabenerfüllung in der richtigen Menge und Qualität erfolgt und ob sie vom zweckmässigen Aufgabenträger ausgeführt wird (Vollzugskritik)«[103].

3. *Plurale Struktur von Leistungsanbietern im Wettbewerb untereinander.* Dem Staat bleibt demnach die Möglichkeit offen, gewisse gemeinwirtschaftliche Leistungen weiterhin zu unterstützen. Aber auch in diesem Bereich sollen interne Vergleiche und simulierter Wettbewerb zwischen staatlichen und privaten Anbietern den Markt ersetzen. Effizienz- und Effektivitätsvergleiche zwischen ähnlichen Einheiten (*Benchmarking*), sowie der interne und externe Wettbewerb bei der Vergabe der Aufträge tragen dazu bei, marktkonforme Preise öffentlicher Güter und Dienstleistungen zu ermitteln: Unter Schulen soll beispielsweise durch freie Schulwahl (Vouchersystem) den Eltern oder durch »wettbewerbsmässigen Einkauf« medizinischer Behandlungen bei den Spital- oder Krankenhausträgern den Gesundheitsbehörden Entscheidungsspielraum zwischen verschiedenen Angeboten ermöglicht werden.

4. *Trennung der strategischen von den operativen Kompetenzen.* Die verstärkte Marktnähe der Verwaltungseinheiten bedingt eine Neuaufteilung der Aufgaben zwischen Verwaltung und Politik. Die politischen Behörden sollen nur noch über die Ziele gemeinwirtschaftlicher Leistungen (erwünschte Wirkung, Umfang, Qualität usw.) und die Mittel zu deren Erreichung entscheiden, welche in Leistungsaufträgen zwischen Politik und Verwaltung vorgegeben werden. Für deren Ausführung erhalten die Verwaltungsorgane (Schulen, Spitäler usw.) weitgehende Auto-

nomie und werden, in der Definition der OECD, »wie Privatunternehmen organisiert, mit eigener Bilanz und eigener Erfolgsrechnung (Globalbudget). Ihr Chef, ein privatrechtlich eingestellter Generalsekretär, ist gegenüber der Regierung voll verantwortlich, muss Rechenschaft über die ›Konkurrenzfähigkeit‹ seines Betriebs ablegen und hat im übrigen Anspruch auf eine Leistungsprämie, falls die Erfolgsrechnung mit einem Gewinn abschliesst«[104].

5. *Outputorientierung, Kundennähe*. Aus dem japanischen Produktionsmodell werden die Ideen der *Lean Production* und des *Total Quality Management* in die Verwaltung aufgenommen: Auch sie muss »schlanker« produzieren, d.h. »die eigenen Energien auf die wirklichen Stärken der Verwaltung konzentrieren«[105]. Aus dem Marketing stammt das Konzept der »kundennahen Bedürfnisanalyse«, mittels derer die Bedürfnisse des Publikums ermittelt werden.

6. *Die Generalisierung von Evaluationen*. Nebst den Kundenbefragungen soll vor allem die Ausarbeitung eines detaillierten Kennziffernsystems nach dem so genannten »5-Ebenen-Modell« erlauben, die Wirtschaftlichkeit (Verhältnis der tatsächlichen zu den errechneten Kosten), die Effizienz (Verhältnis der Mittel zum Resultat), die Effektivität (Verhältnis der tatsächlichen zur geforderten Leistung), die Wirksamkeit (Verhältnis der Leistung zum Aufwand) und die Qualität (Verhältnis der tatsächlichen zur geforderten Qualität) einer Leistung zu messen. Dieses so genannte *Performance Measurement* bedingt, dass alle Tätigkeiten der Verwaltung als Produkte definiert und abgegrenzt werden können, so dass sie gemessen und verglichen werden können und allen Verwaltungsleistungen genaue Kosten zugeordnet werden können.

7. Kostensenkungs- und Effizienzdruck. Da sich NPM vor dem Hintergrund leerer Staatskassen abspielt, schwebt über allen Prinzipien die Forderung, an allen Fronten einzusparen. So stehen zwar die »Bedürfnisse der Klienten/Bürger im Mittelpunkt«, sie müssen aber, so Buschor, »mit den verfügbaren Ressourcen in Einklang gebracht werden«[106]. Dass dabei nicht nur auf Rationalisierungsgewinne aufgrund verstärkten Wettbewerbs und grösserer Marktnähe gebaut wird, bezeugt das Prinzip, wonach »die Rationierung der Ressourcen [...] nicht nur bei momentanen finanziellen Engpässen empfohlen [wird], sondern auch als generelle Methode, um den Umfang des Staatsapparates in Grenzen zu halten«[107].

8. Die Vorherrschaft der Finanzkontrolle. Um diesem letztgenannten Postulat zum Durchbruch zu verhelfen, sollen die finanziellen Entscheidungen vermehrt vom parlamentarischen Prozess entkoppelt werden: Nicht mehr das Parlament berät über die Bewilligung von finanziellen und personellen Mitteln zur Erbringung gewisser Leistungen, sondern die teilautonomen Verwaltungseinheiten selbst. Diese Teilautonome wird dadurch im Zaum gehalten, dass die Einheiten in ihrem Entscheidungsspielraum an detaillierte Vorgaben gebunden sind, welche durch ein »verwaltungsinternes Führungssystem mit Betonung auf dem Leistung/Kostenverhältnis«[108] überprüft werden. So übernehmen mit NPM die *Public Managers*, bei deren Auswahl durch »unabhängige Headhunter-Unternehmungen«[109] auf eine »gewisse Rotation zwischen Wissenschaft, Privat- und Staatswirtschaft«[110] geachtet werden soll, bei der Planung, dem Vollzug und der Kontrolle der öffentlichen Leistungen das Ruder.

9. *Die Deregulierung des Arbeitsmarktes*. Unternehmenskultur ist schliesslich das Schlüsselwort, mit dem die Arbeitsbedingungen denjenigen der Privatwirtschaft angepasst werden sollen. Unter dem Druck, die Lohnmasse der öffentlichen Bediensteten zu senken, bedeutet dies in erster Linie mehr Flexibilität und vermehrte Leistungsorientierung. Damit geraten vor allem das egalitäre Gehaltssystem, der Rechtsschutz im öffentlichen Dienstrecht und der Beamtenstatus ins Visier. Letzterer muss aufgegeben werden, »damit man sich von Bediensteten trennen kann, die keine genügenden Leistungen erbringen«[111]. Buschor: »Auch die Angestellten der Privatwirtschaft stehen unter Leistungsdruck. Es ist nicht mehr als ausgleichende Gerechtigkeit, wenn auch die Beamten mehr gefordert werden.«[112]

10. *Integration oder Ausschaltung der Gewerkschaften*. Wie Untersuchungen der »Standorttheorie« gezeigt hätten, so Ernst Buschor, »beurteilen Unternehmen auch die längerfristigen Standortpotentiale, wobei sie diese am lokalen Grundkonsens der Parteien, Behörden und Sozialpartner zur Unterstützung der Entwicklung messen«[113]. Nichtsdestotrotz seien die Reformen »allenfalls auch gegen Widerstände durchzusetzen«[114].

Dieses Modell ist nun ideal, um die Forderungen nach »Weniger Staat« durchzusetzen, denn mit NPM scheint die traditionell linke Kritik an der neokonservativen verantwortungslosen Abbruchpolitik ins Leere zu stossen. In der Tat wird vorausgesetzt, dass bei der Vorgabe eines Leistungskataloges für alle als nötig empfundenen Leistungen ein gegenseitiges politisches Abwägen bereits stattgefunden hat: Die Politik hat erstens jene als notwendig eingeschätzten Kollektivbedürfnisse von den nur als wünschbar erachteten Bedürfnissen unterschieden. Zweitens wurden aus den unabdingbar zu befriedigenden Kollektivbedürfnissen all jene ausgegrenzt, deren Nachfrage auch mit einem Angebot an normalen »privaten« Gütern nachgekommen werden kann (durch Privatisierungen oder *Outsourcing*). Nur der nicht profitabel zu organisierende Rest wird drittens durch staatliche Leistungserstellung realisiert. In einem letzten Schritt schliesslich hat die Politik die Aufgabe, »eine optimale Abwägung zu treffen unter den ›öffentlich‹ zu finanzierenden Leistungen (egal, ob staatswirtschaftlich produziert oder nicht). Denn solange nicht unendlich viele ›öffentliche‹ Haushaltsmittel zur Verfügung stehen, kann es selbst bei Leistungen, die als ›absolut notwendig‹ eingeschätzt worden sind, niemals um eine vollkommene kollektive Bedürfnisbefriedigung gehen, sondern immer nur darum, durch gegenseitiges Abwägen (*trade-off*) den optimalen Grad der Bedürfnisbefriedigung zwischen den einzelnen Kollektivgütern zu entdecken.«[115] Die Experten in der öffentlichen Verwaltung brauchen sich also nur noch auf das »rein technische« Problem konzentrieren, die Kostenseite zu minimieren, und zwar jetzt ohne zu einem radikalen Sozialabbau schreiten zu müssen: »Und sogar die Linke darf zufrieden sein, weil dank der Vorbedingungen für die Anwendbarkeit [des] NPM gewährleistet ist, dass das in demokratischem Verfahren beschlossene ›öffentliche‹ Leistungsniveau auch wirklich realisiert wird. Das beständige ›Sparen‹ auf der Kostenseite führt jetzt eben gerade nicht mehr zu einem unbeobachtbaren und damit verantwortungslosen Leistungsabbau im ›öffentlichen‹ Bereich. Das ist der entscheidende Fortschritt im Argumentarium der bürgerlichen Staatsquotenabbauer.«[116]

Wie Thomas Ragni ironisch bemerkt, ist eine solche Ideologie, die die Vereinnahmung des NPM betreibt und dabei methodisch konsistent vorgehen möchte, ziemlich »anforderungsreich«. Und hier liegen aber auch dessen theoretische Schwachstellen. Das neoliberale Gesellschaftsbild geht von einem einfachen Postulat aus: Es gibt keine Gesellschaft, nur Individuen (und deren Familien, wie Margaret Thatcher anzufügen pflegte), und folglich existieren auch keine kollektiven Bedürfnisse. Dass diese handlungstheoretische Grundannahme, welche das nutzenmaximierende Kosten-Nutzen-Denken zulasten einer gruppensoziologischen oder klassentheoretischen Analyse privilegiert, längst historisch widerlegt worden ist, braucht hier nicht weiter aufgegriffen zu werden. Für Pierre Bourdieu sind die impliziten Annahmen neoliberaler Theoriebildung nichts anderes als eine »pure mathematische Fiktion, die von vornherein auf einer phantastischen Abstraktion basiert, da sie im Namen einer ebenso engen wie strengen Auffassung von Rationalität – als individueller Rationalität – zwei Dimensionen ausklammert: die ökonomischen und sozialen Voraussetzungen der rationalen Massnahmen und die ökonomischen und sozialen Strukturen, ohne die sie nicht durchführbar sind«[117].

Aber auch auf einer weniger abstrakten Ebene ist das Modell angreifbar: Effizienzsteigerung soll ja nur dort angewendet werden, wo Privatisierungen nicht möglich sind und ist einzig durch Anreize zu erreichen, die den Akteuren am Markt der »vollkommenen Konkurrenz« vermittelt werden: Rudolf Meier, Chef der Finanzverwaltung des Kantons Zürich, stellte diesen der ganzen NPM-Herangehensweise inhärenten Widerspruch bei der Präsentation der Zürcher Reform unbeantwortet in den Raum: »Den politischen Rahmenbedingungen, den Besonderheiten des demokratischen Rechtsstaats und der Tatsache, dass der Staat vielfach gerade dort Leistungen erbringen muss, wo privatwirtschaftliche Mechanismen nicht mehr funktionieren, ist Rechnung zu tragen.«[118]

Wie können aber marktwirtschaftlich bewährte Methoden auf Betriebe angewendet werden, die prinzipiell nicht marktwirtschaftlich funktionieren können? Neoliberale argumentieren, dass unter den real gegebenen Umständen eben nichts anderes erreichbar ist als eine so genannte »Second-Best«-Lösung: Anstatt der kompletten Auflösung des Staates in die Marktwirtschaft, präsentiert NPM den »marktgesteuerten Gewährleistungsstaat«. Die Forderung nach Marktorientierung überschätzt jedoch die Leistungen der Konkurrenzmechanismen in den öffentlichen Diensten und vergisst die Frage, inwiefern eine Steigerung der Effizienz (im betriebswirtschaftlichen Sinne der Mitteloptimierung) eine Erhöhung der Effektivität (im Sinne der Zielerfüllung) garantieren kann. Denn einzelwirtschaftliche Effizienz als Kostensenkung in kurzfristiger Perspektive kann gesellschaftlich gesehen zu einer hochgradigen Ineffektivität führen, weil, um ein konkretes Beispiel zu nennen, die Erhöhung der »Effizienz« eines Sozialarbeiters durch Verdoppelung der Zahl in der gegebenen Arbeitseinheit zu betreuender Jugendlicher sich zwar kurzfristig in einer Kostensenkung niederschlagen wird, langfristig aber die Kosten des Strafvollzugs gerade deswegen überproportional ansteigen können. Staatliche Dienstleistungen sind, wie im ersten Kapitel bereits festgehalten wurde, eben nicht Teil des warenproduzierenden, auf Profitproduktion gerichteten Sektors der Gesellschaft. Die Produktivitätsentwicklung im öffentlichen Dienst kann daher nur als Senkung der Kosten bereitgestellter Leistungen gemessen werden, nicht als Produktionsleistung pro Arbeitseinheit.

Hier zeigen sich die Grenzen des gesamten Theoriekonstrukts am evidentesten: So wird etwa hilflos versucht, die Leistungen der Beamten anhand von Aufwandindikatoren zu erfassen, was bezeugt, dass im öffentlichen Dienst die Leistungen nur auf der Seite der Produktionskosten erfasst werden können. Definiert man, um ein anderes Beispiel zu nennen, beispielsweise die Leistung einer Schule oder eines Lehrers anhand der Produktion von lebenstüchtigen Arbeitnehmern, so müsste nun kohärenterweise so getan werden, als ob jeder Aufwand mit der entsprechenden Leistung verbunden werden kann. D.h. es müssten »die je unterschiedlichen LehrerInnenlöhne an die individuell separierbaren Leistungsbeiträge zur Produktion von funktionsfähigen Wirtschafts- und von demokratietauglichen Staatsbürgern geknüpft werden können«[119]. Mit anderen Worten, die Qualität der einzelnen Schule wäre gleichbedeutend mit dem (Arbeits-)Markterfolg der einzelnen Kundinnen und Kunden, und der Schulbesuch müsste in einen empirisch messbaren Zusammenhang gebracht werden können mit der zukünftigen zusätzlichen Karrierechance, die aus dem Schulbesuch für einen repräsentativen Schüler resultiert. Dieser »Zusatznutzen« aus dem Schulbesuch ergäbe sich aus der Differenz zwischen der Karrierechance bei Besuch und jener bei Nichtbesuch der jeweiligen Schule. Solche Abgrenzungskriterien mögen zwar rein analytisch »sauber« sein, sie können aber für die alltägliche Verwaltungspraxis keine Konsequenzen haben, da sie sich nicht empirisch spezifizieren lassen. Mit anderen Worten: Es wird versucht, individuell zuzurechnen, was nicht individuell zurechenbar ist.

Für die hegemoniale Rolle des NPM spielt dessen theoretische Inkonsistenz, wie Thomas Ragni ausführt, indes keine Rolle: »Ist sozial einmal akzeptiert, alle sozial relevanten ›Leistungen‹ seien eindeutig voneinander abzugrenzen, und ist zudem die Idee plausibel gemacht, diese

Leistungen seien zumindest grundsätzlich anhand von Marktpreisen eindeutig zu quantifizieren, wird das Projekt der möglichst extremen, weil (markt-)systemkonformen Verringerung der Staatsquote überhaupt erst konkret planbar.«[120] Denn hinter der Doktrin der radikalen Ausrichtung des Staates an künstliche Wettbewerbsmechanismen, an deren finanzpolitische Wirksamkeit nicht einmal die heissesten NPM-Verfechter so richtig zu glauben scheinen, wird vor allem durch die Einsetzung eines institutionellen Zwangsrahmens die Definitionsmacht über staatliche Aufgabenerfüllung von den Entscheidungsstrukturen parlamentarischer Instanzen hin auf die betriebswirtschaftliche Finanzkontrolle übertragen, womit die finanzpolitischen Entscheide zunehmend an eine scheinbar unpolitische Legitimationsquelle gebunden werden. Diese allgemeine Entpolitisierung des Verwaltungshandelns erfolgt also durch den Übergang von einer primär rechtlichen Steuerung des Verwaltungshandelns zu einer Steuerung durch ökonomische Kennziffern. Die Konsequenz ist, wie der NPM-Kritiker Peter Knoepfel darstellt, »eine regelrechte Tyrannei der Manager, zu welcher sich eine Tyrannei der Indikatoren hinzugesellt«[121]. Die mit dem Abbau traditioneller Sicherungsinstrumente verbundene Dezentralisierung wird hier durch die Einführung neuer Steuerungsinstanzen wieder rückgängig gemacht.

Mit NPM entsteht also eine neuartige Legitimationsquelle staatlichen Handelns: »Während durch das formale Recht eine Verbindung zu den politischen und gesellschaftlichen Prozessen in weit höheren Masse ermöglicht wird, zeichnen sich die ökonomischen Kennziffern durch ihre Orthodoxie und vermeintliche Neutralität aus.«[122] Durch die Anwendung betriebswirtschaftlicher Mittel und Methoden, als Verwaltungsreform deklariert und von wohlklingenden Etiketten (»Qualitätssicherung«, »Kundenorientierung« usw.) begleitet, entsteht somit nicht »weniger«, sondern ein »anderer« Staat neokonservativer Prägung: »Der nationale Wettbewerbsstaat scheint die traditionellen Legitimationsressourcen nicht mehr zu benötigen und die ökonomisierte Verwaltung scheint durch die neu geschaffenen internen Entdifferenzierungsprozesse die Schnittstelle zu ihrem gesellschaftlichen Umfeld zu restringieren.«[123]

Die volle Tragweite dieser institutionellen Transformation finanzpolitischer Entscheidungsprozesse erfasst man indessen erst, wenn man sie in den Kontext der Gesamtentwicklung der Finanzpolitik der letzten Jahrzehnte und der dahinterliegenden Klasseninteressen stellt.

Unternehmerkreise und Reformeliten

Wie gezeigt wurde, begannen in den siebziger Jahren konservative Politikerinnen und Politiker und Vertreter der Arbeitgeberorganisationen mit einer Kampagne, die sich den Übergang zum »schlanken Staat« und eine entsprechende Reform des öffentlichen Dienstes zum Ziel setzte. Doch erst seit Beginn der neunziger Jahre wird deutlicher, dass die angestrebte Staats- und Verwaltungsreform zwar nach wie vor auch rhetorischen Charakter hat, zugleich aber auch konkrete politische Schritte beinhaltet, die eine Neudefinition der Staatsaufgaben und der finanzpolitischen Strukturen herbeiführen bzw. einzuleiten beabsichtigen.

Bei aller Ausdifferenzierung der verschiedenen Apparate und Akteure der neokonservativen Gegenreform lassen sich in groben Zügen zwei Tendenzen nachvollziehen, die sich in den letzten zwanzig Jahren herausbildeten: Einerseits fand vor allem in den neunziger Jahren eine Intensivierung der Forderungen nach einer Beschleunigung der Gegenreformen statt, die insbesondere durch konservative Politiker und Unternehmerkreise getragen wurde. Dabei fällt auf, dass vermehrt parallel dazu der Ruf nach einem so genannten »intelligenten Sparen« laut wurde, für welches im Sinne einer verstärkten Ausrichtung des Staatshaushaltes auf die Ziele und Interessen bestimmter gesellschaftlicher Gruppen brauchbare institutionelle Instrumente zu fehlen schienen. Andererseits, und als Antwort auf diesen Ruf, bildete sich eine neue Gruppe relevanter Akteure heraus, eine Art »Reformelite«, wie die von Ernst Buschor angeführten und in verwaltungswissenschaftlichen Studiengesellschaften und verwaltungsinternen Arbeitsgruppen organisierten Verwaltungswissenschafter, Consultants und Chefbeamte bezeichnet werden könnten. Diese neue Elite trug massgeblich dazu bei, NPM im finanzpolitischen Kontext der neunziger Jahre zu etablieren und im intermediären Feld zwischen den Ideenkämpfen und den Regierungspraktiken die politischen Entscheidungen mitzubeeinflussen. Anders ausgedrückt lässt sich eine Umdefinierung jenes für die Ausübung legitimer staatlicher Handlungen notwendigen symbolischen Kapitals verzeichnen: Dieser Paradigmawechsel im öffentlichen Dienst bestand darin, wie Heinrich Epskamp und Jürgen Hoffmann festhalten, »dass die Juristen durch die Betriebswirte ersetzt«[124] wurden. Diese trugen zu einer soziologischen Transformation der Verwaltungsspitzen bei, welche auch die sozialdemokratischen Bastionen erfasste: »Die Kultur der ›*Public Managers*‹, die in den gleichen Schulen und Universitäten ausgebildet werden wie die Manager privater Unternehmen, unterscheidet sich nicht grundsätzlich von der Kultur letzterer.«[125]

Von Weissbuch zu Weissbuch: Das Programm der Gegenreform

Von 1991 an, mit der »definitiven Wende« bei den Staatsfinanzen, als das Defizit des Bundes auf knapp 400 Millionen und die Budgetdefizite der Kantone auf 2,9 Milliarden anstiegen, begannen die Vertreter der grössten transnationalen Schweizer Unternehmen (Grossbanken, Maschinen- und Elektrizitätsindustrie, Versicherungsgesellschaften und Chemieunternehmen) verstärkt die Öffentlichkeit mit ihren Forderungen zu konfrontierten. Vom »ordnungspolitischen Programm«[126] über das »wirtschaftspolitische Programm« des Vororts des Schweizerischen Handels- und Industrievereins[127], dem einflussreichsten Arbeitgeberverband, vom »Mut zum Aufbruch«[128] von 1995 und von den verschiedenen Pamphleten des ehemaligen Arbeitgeberpräsidenten Hans Letsch[129], bis hin zu den jüngsten Thesen des Crédit-Suisse-Generaldirektors Lukas Mühlemann[130] gibt es eine ausgeprägte Kontinuität in der Forderung nach einem fundamentalen Wandel in der Sozial- und Wirtschaftspolitik. Was Charles-André Udry und Jean-François Marquis als »Klassenprogramm«[131] bezeichnet haben, strebt mittels verschiedener Ökonomisierungsstrategien einen Staat an, der Joachim Hirschs Modell des »Wettbewerbsstaats« sehr nahe kommt. Im einzelnen lassen sich drei konkrete Ziele der Unternehmeroffensive herausschälen:

Senkung der Steuerquote. Um in der Finanz- und Steuerpolitik den verlorengegangenen Standortvorteil zurückzugewinnen, wird eine umfassende Senkung der Steuerlast verlangt: Die Stempelsteuer (Börsensteuer) soll reduziert, die Unternehmensbesteuerung reformiert und allgemein die Steuerlast von den direkten zu den indirekten

Steuern umgelagert werden, d.h. von den hohen Einkommen und den Unternehmensgewinnen auf tiefere und mittlere Einkommen übergewälzt werden.

Senkung der Staatsquote. Um dieses mit der Senkung der Steuerquote eng verbundene Ziel zu erreichen, genüge es nicht mehr, so der Ökonomieprofessor Hans Moser, einer der Cheftheoretiker der Weissbücher, »ausschliesslich an das Verantwortungsbewusstsein der politischen Entscheidungsträger zu appellieren. Das staatliche Handeln muss vielmehr verstärkt in Regeln eingebunden werden, welche schädliche Interventionen begrenzen, vorteilhafte staatliche Massnahmen jedoch ermöglichen.«[132] Gefragt sind also institutionelle Vorkehrungen wie gesetzliche Ausgabenbremsen, Zwang zur ausgeglichenen Rechnung sowie eine regelmässige Überprüfung der Aufgaben und Subventionen. Diese dem Leitmotiv »weniger Staat« verpflichtete Forderung darf indessen in keiner Weise im Sinne einer linearen Kürzung der Staatsausgaben verstanden werden. Gemeint sind Sozialausgaben im weitesten Sinne (einschliesslich des Bildungs- und Gesundheitssektors) sowie allgemeine Verwaltungsausgaben, insbesondere die Lohnkosten für das Staatspersonal.

Privatisierung weiter Teile staatlicher Infrastruktur und Dienstleistungen. Rentable Sektoren wie das Verkehrswesen, Teile der Bildung sowie der Telekommunikation und der Energiewirtschaft sollen an private Investoren verkauft werden. Dabei soll aber der Staat nach wie vor für eine gut ausgebaute Infrastruktur besorgt sein. Für Hans Letsch stellt diese »gewissermassen ›den Unterbau der Wirtschaft‹ dar, den der Staat bereitzustellen hat«[133], und beinhaltet im wesentlichen Rechtssicherheit, Ruhe und Ordnung im Innern sowie Unabhängigkeit nach aussen.

Was an staatlichen Tätigkeiten noch übrigbleibt, soll durch »flexible Anstellungsbedingungen, die Übernahme bestimmter staatlicher Dienstleistungen durch kostengünstigere private Anbieter, neue Anreize für Sparanstrengungen der öffentlich Bediensteten, die Beseitigung der zahlreichen Doppelspurigkeiten in den Verwaltungsabläufe«[134] radikal rationalisiert werden.

Auf den kürzesten Nenner gebracht, lässt sich das Programm der Gegenreform mit Hans Letsch so umschreiben: »Nein zu allem, was den Staatsapparat unnötig aufbläht, die Unternehmerinitiative, die Leistungs- und Risikobereitschaft lähmt, veraltete Strukturen zementiert, die Verantwortung zwischen Unternehmern und Staat verwischt, anstelle vertraglicher immer mehr gesetzliche Ordnungen setzt und die Wirtschaft überfordert (wie insbesondere zu weit getriebene Fiskalbelastungen, Subventionen und Einkommensumverteilungen, staatliche Impuls- und Förderprogramme, einseitige und trügerische Zugeständnisse an Arbeitnehmer, Mieter, Konsumenten), kurz: zu allem, was den Weg in die wirtschaftliche Sackgasse und die Knechtschaft programmiert.«[135]

Kurz nach dem Erscheinen des ersten Manifestes reichten die vier grössten im Parlament vertretenen bürgerlichen Kräfte (FDP, SVP, CVP und Liberale) Vorstösse ein, die darauf abzielten, die im Weissbuch vertretenen Forderungen zu realisieren. Das »Programm für die Revitalisierung der Schweizer Wirtschaft«, welches der schweizerische Bundesrat am 20. Januar 1993 ankündigte, beschleunigte wesentlich die neokonservative Gegenreform. Die Privatisierungsoffensive begann mit der Aufteilung der PTT (1. Januar 1998) in Post- und Telekomdienste und der angekündigten Veräusserung letzterer, setzte sich fort mit der Bahnreform (1. Januar 1999) und findet ihren vorläufigen Abschluss (2001) im neuen Elektrizitätsmarktgesetz und dem neuen Bundespersonalgesetz. Andererseits erfolgte in der Finanzpolitik durch die Einführung der Mehrwertsteuer, die Reduktion der Stempelsteuer und die Reform der Unternehmensbesteuerung sowie einer systematischen Reduktion öffentlicher Ausgaben durch Austeritätsprogramme (insbesondere im Bereich der Sozial- und Personalausgaben) und institutionalisierte Ausgaben- und Verschuldungsbremsen, eine »regelrechte Revolution auf der Ebene der Institutionen und der Sozial- und Wirtschaftspolitik«[136].

KONSTANTEN UND VARIANTEN DER ÖKONOMISIERUNGSSTRATEGIEN

Der Horizont des »Wettbewerbsstaates« zeichnete sich bereits zu Beginn der Wirtschaftskrise Mitte der siebziger Jahre deutlich ab, als Hans Letsch, damals Chefbeamter in der Aargauer Finanzverwaltung und Leiter der Koordinations- und Beratungsstelle der kantonalen Finanzdirektoren für Fragen der Finanz- und Steuerpolitik, einem Gremium, dem die Vorsteher der Finanzverwaltungen aller Kantone angehören und bei Fragen der Finanzplanung und der Verwaltungsführung eine wichtige Koordinationsrolle spielt, ausrief, die finanzielle Situation des Staates »erfordere gebieterisch einen Marschhalt«[137] in der Sozialpolitik. Wie bei den Thatcher- und Reagan-Revolutionen gehe es nun auch in der Schweiz darum, so der *NZZ*-Redaktor Gerhard Schwarz, »sich vom wirtschafts- und sozialpolitischen Ballast, der sich in den letzten 100 Jahren, vor allem aber seit dem Zweiten Weltkrieg, angehäuft hat, etwas zu befreien«[138].

Finanzmittel, so die kaum versteckte Anweisung, sollten von den Dienstleistungsfunktionen des Sozialbereichs im weitesten Sinne auf jene Infrastrukturleistungen umgeschichtet werden, welche den unmittelbaren Funktionserfordernissen der Kapitalbewegung dienlich sind. Hans Letsch nannte dies eine »selektive Ausgabenpolitik«: Es müsse darum gehen, einerseits jene Aufgaben grosszügig und rasch zu erfüllen, die für das wirtschaftliche Wachstum unerlässlich sind, und andererseits jene Aufgaben abzulehnen, deren gleichzeitige Realisierung die Produktivkräfte der Wirtschaft überforderten. Vreni Spoerry, die in den achtziger Jahren als Zürcher FDP-Kantonsrätin amtete, um später auf der nationalen politischen Arena für die Interessen der Schweizer Unternehmen einzustehen, stand ihrerseits für eine »disziplinierte Ausgabenpolitik« ein, »basierend auf einer strengen Unterscheidung zwischen wünschbaren und unerlässlichen Dienstleistungen des Staates«[139].

Die Umsetzung dieser Forderung schien indessen damals noch an politisch ungünstigen Kräfteverhältnisse zu scheitern, wie ein Kommentar der *NZZ* über die Zürcher Finanzpolitik aus dem Jahre 1978 bezeugt: Die »selektive Ausgabenpolitik« stiess sich an der Frage, »bei welchen konkreten Budgetposten gespart werden soll. Entscheidend beim Aushandlungsprozess ist, dass hinter den meisten Ausgabenposten Interessengruppen stehen, die sich nichts wegnehmen lassen wollen.«[140] So wurden von verschiedener Seite Strategien gefordert, die helfen sollten, diese Widersprüche zu umgehen.

Eine dieser Strategien bestand darin, das Messer vor allem bei den Ausgaben anzusetzen, von denen vordergründig keine Gruppe unmittelbar profitierte: bei den Personalausgaben. Wohl wissend, dass diese gerade in den Dienstleistungsbereichen besonders hoch ausfallen und somit diese Bereiche proportional höher treffen würden, vertrat beispielsweise Hans Letsch 1979 an der Generalversammlung der Schweizerischen Studiengesellschaft für rationelle Verwaltung die Meinung, ein Personalstopp sei die wirksamste Möglichkeit, »um die Ansprüche an den Staat« zu mässigen und dem »Mythos der staatlichen Machbarkeit«[141] eine Absage zu erteilen.

In diesem Sinne bildete das Jahr 1974 für die Bundesverwaltung einen Einschnitt. Das Bundesgesetz über Massnahmen zur Verbesserung des Bundeshaushaltes verfügte einen zunächst bis 1977 und dann bis 1979 befristeten Personalstopp, der 1983 in etwas gemilderter Form – und nun als Personal- oder Stellenplafonierung bezeichnet – eine dauerhafte gesetzliche Grundlage erhielt, womit Personalbestände nur erhöht werden dürfen, »wenn der Stellenbedarf nicht durch Massnahmen der Rationalisierung, durch den Abbau bestehender Aufgaben oder durch Stellenverschiebungen innerhalb der Verwaltungseinheiten […] gedeckt werden kann«[142]. Laut Paul Fink, der die Auswirkungen des Personalstopps auf die Entwicklung des Stellenbestandes analysiert hat, »erwies sich der Personalstopp bzw. die Stellenplafonierung insgesamt als recht wirksames Instrument zur Begrenzung der Personalzunahme«[143]. War von 1960 bis 1974 der Personalbestand der allgemeinen Bundesverwaltung noch von 23.800 auf 32.500 angewachsen, so erfolgte bis 1980 lediglich eine Zunahme auf 32.600. 1998 betrugen die Personalbestände des Bundes 35.600 Stellen. Ausserdem konnte nun die Stellenzuteilung direkter kontrolliert werden: So klagte der ehemalige sozialdemokratische Finanzminister Otto Stich 1988 in seinem Bericht über die Auswirkungen des Personalstopps über den Personalmangel in der Steuerverwaltung und über beachtliche Steuerausfälle, »weil die Kontrolle der Steuerverwaltung nur noch in Intervallen von 15 bis 20 Jahren durchgeführt werden können«[144]. Allerdings ist der finanzielle Nutzen des Personalstopps schwieriger einzuschätzen: Während der gesamte Personalbestand nur um zwei Prozent zunahm, wuchs die Anzahl der Beschäftigten in den obersten Lohnklassen von 1975 bis 1982 um 22 Prozent an. Und vielfach wurden Aufgaben, die der Bund nicht mehr übernehmen konnte, auf die Kantone abgeschoben: In der Tat wuchsen im gleichen Zeitabschnitt in den Kantonen die Angestelltenbestände um rund 45 Prozent[145]. So wurde 1982 auf Druck der Zürcher Handelskammer, die forderte, »dem ungebremsten Wachstum des zürcherischen Beamtenheeres ein Ende zu setzen«[146], eine solche Personalplafonierung auch im Kanton Zürich eingeführt. Bezeichnend ist, dass die von 1982 bis 1987 nur 90 neu geschaffenen Stellen »wegen der steigenden Kriminalität«[147] fast ausschliesslich den Polizeikräften zugeordnet wurden.

Als zweite Strategie, die Gegenreform trotz strukturell bedingtem Anstieg staatlicher Tätigkeiten durchzuziehen, gewann die Politik der leeren Kassen schon sehr früh an breiter Akzeptanz. Der Zürcher liberale Politiker Ulrich Bremi empfahl sie Mitte der siebziger Jahre mit dem Argument, er sehe »im Engpass unserer öffentlichen Kassen eine Chance zur Führung«. Seine These lautete, dass »private Unternehmungen mit den Gewinnen, der Staat jedoch mit den Verlusten geführt werden kann. [...] Keine Regierung und kein Parlament wird es sich leisten können, vom Volk verlangte Begehren nicht zu erfüllen, wenn und solange das Geld da ist. [...] Erst die Knappheit der Mittel zwingt zur Auswahl. Jetzt wird das wirklich Wesentliche getan und auf vieles verzichtet.«[148] Für Hans Letsch waren Personalstopp und Politik der leeren Kassen allerdings nur die eine Seite neokonservativer Strategien zur Durchsetzung der Gegenreform, die solange herzuhalten hatte, wie »der Blick für das Wesentliche und klare Prioritätsvorstellungen fehlen. Solange dürfte sich die aus volkswirtschaftlicher und staatspolitischer Sicht dringend notwendige Bremswirkung nur mit gewissen Holzhammer-Methoden erzielen lassen.«[149] Nun gelte es aber zu »offensiveren« Methoden überzugehen. Walter Wittmann prägt in diesem Zusammenhang das Wort des »intelligenten Sparens«, mit welchem die Frage beantwortet werden sollte, »inwiefern Aufgaben aus dem staatlichen Bereich ausgegliedert, innere Verlagerungen vorgenommen und durch veränderte Finanzierungen die Nachfrage nach Saatleistungen bedarfsgerechter gesteuert werden können«[150]. Privatisierungen, Umlagerungen in der Finanzierungsart und Rationalisierungsmassnahmen waren die vorgeschlagenen Ökonomisierungsstrategien der 80er Jahre, mittels derer der Staat nicht mehr nur dazu gezwungen werden sollte, dienstleistungsorientierte Aufgaben ungeordnet zurückzustutzen, sondern vielmehr zur effizienten Ausübung der ihm übertragenen Aufgaben eine Prioritätenordnung aufzustellen hatte.

Die Privatisierungsdebatte wurde in der Schweiz 1980 durch die so genannte »Motion Hunziker« aufgeworfen: Der Aargauer FDP-Nationalrat ersuchte den Bundesrat, »konkrete Privatisierungsmöglichkeiten mit den allenfalls erforderlichen gesetzgeberischen Massnahmen vorzuschlagen«[151]. Ein Jahr danach doppelte im Kanton Zürich der zukünftige Finanzdirektor Eric Honegger, damals noch FDP-Kantonsrat, mit einem gleichlautenden Postulat nach. Der Befürworterkreis dieser Forderung war beträchtlich. Er reichte vom *NZZ*-Redaktor Max Frenkel[152] über den Vorort[153], bis hin zu den schweizerischen Rechtsparteien, deren massgebliche Gremien sich für die Privatisierung aussprachen. Im einzelnen wurde der zu privatisierende Bereich weiter oder enger bestimmt, doch gab es praktisch keine Aufgabe, die nicht im Katalog des einen oder anderen Privatisierers auftauchte. Den grössten Einfallsreichtum für seine Zeit hatte insoweit Walter Wittmann, welcher nicht nur grosse Teile des Verkehrs-, Post-, Fernmelde- und Kommunikationswesens, sondern auch Autobahnen, Lebensmittelmärkte sowie Schlachthöfe, alle Versorgungsbetriebe (Energie, Gas, Wasser), Entsorgungsbetriebe von der Strassenreinigung bis zur Müllabfuhr, Einrichtungen der Volksgesundheit (Spitäler, Krankenkassen), soziale Einrichtungen (Altersheime und Sozialversicherungen), das gesamte Bildungs- und Erziehungswesen, zahlreiche kulturelle Einrichtungen (Museen, Theater, Bibliotheken, Sportanlagen und Schwimmbäder usw.) bis zu den Kantonalbanken in Privathand überführen wollte.[154] Alles, was Profit versprach, sollte in die Hände des Marktes übergeben werden.

Das genaue Ausmass der tatsächlich vorgenommenen Privatisierungen lässt sich mit Rücksicht auf fehlende empirische Untersuchungen nicht bestimmen. Der Schwerpunkt damaliger Privatisierungen lag eindeutig im kommunalen Bereich, wo insbesondere die Gebäudereinigung, aber auch die Müllabfuhr, Personennahverkehr und Schlachthöfe erfasst wurden; in Einzelfällen waren auch Schwimmbäder und Krankenhäuser betroffen. Auf die Privatisierungsforderungen auf Bundesebene antwortete der Bundesrat Mitte der achtziger Jahre, dass sie wegen dem hohen Anteil an gesetzlich blockierten Transferausgaben, »als Instrument zur Reduktion oder gar Beseitigung der Haushaltsdefizite des Bundes ungeeignet«[155] seien.

Der Sinn von solchen Massnahmen lag denn weniger in ihrer finanzpolitischen Wirksamkeit, als vielmehr darin, genügend Druck auszuüben, um die Gegenreformen im öffentlichen Dienst zu erleichtern. Wie Wolfgang Däubler festhält, wurden insbesondere die personalpolitischen

Offensiven leichter hingenommen, wenn die schlimmere Alternative der Privatisierung zunächst vermieden werden konnte: Diese »Disziplinierungsfunktion der Privatisierung« erklärt die Einbeziehung weitester Teile der Staatstätigkeit in die Kategorie der Privatisierungsbefürworter: »Obwohl sie vermutlich wissen, dass sich eine Reihe von Bereichen gar nicht privatisieren lässt, hat ein solches ideologisches ›Überschiessen‹ den für sie nützlichen Effekt, die Angst der Beschäftigten zu vergrössern und ihre Bereitschaft, auf einen Teil ihres Besitzstands zu verzichten, erheblich zu steigern. Hier liegt aller Wahrscheinlichkeit nach die wichtigste gesamtwirtschaftliche Konsequenz der Privatisierungskampagne.«[156]

Parallel zur Forderung nach Privatisierung wurde das Postulat nach einer Verstärkung des Äquivalenzprinzips bei der Finanzierung staatlicher Leistungen vorgetragen. Die Wirtschaftsförderung (wf) argumentierte, die »Anspruchsinflation«, wegen des unentgeltlichen Bereichs insbesondere im Bildungs- und Gesundheitswesen, liesse sich am besten dadurch zügeln, dass »der einzelne Bürger nicht aufgrund irgendwelcher Opfertheorien, sondern ganz konkret nach Massgabe der von ihm ›konsumierten‹ Staatsleistungen seinen Obolus zu entrichten hat«[157]. Allein in Zürich stieg in den achtziger Jahren der Anteil an Entgelten und Gebühren an den Gesamterträgen des Kantons von ungefähr 14 auf 20 Prozent an, wobei allein die Gebühren für Amtshandlungen einen Anstieg vom 40 Prozent verzeichneten. Dies entsprach, wie die *NZZ* festhielt, der Vermeidung einer Steuererhöhung von ungefähr zehn Prozent.[158]

Die *Handelszeitung* war mit der Beurteilung der finanziellen Auswirkungen dieser Ökonomisierungsstrategie Ende der achtziger Jahre vorsichtiger: »Zwar machen die Gebühreneinnahmen […] usw. nur einen kleinen Bruchteil des Bundesbudgets aus. Wer aber den Rappen nicht ehrt, ist des Frankens nicht wert.«[159] Der Rappen ist in diesem Zusammenhang mit der ideologischen Tragweite dieser indirekten Besteuerung gleichzusetzen, welche die Bürgerinnen und Bürger davon überzeugen soll, dass die Benutzung öffentlicher Dienste nicht unentgeltlich ist. Wie auch die *NZZ* erläuterte, werde durch die Anwendung dieses Prinzips »ein Steuerungsmechanismus in den Staatssektor eingebaut, der über den üblichen, globalen Steuerwiderstand wirksam ist«[160]. Dieser Mechanismus besteht darin, wie Hans Letsch ausführt, »in breiteren Kreisen der Steuerpflichtigen das Bewusstsein zu schärfen, dass der Staat zu teuer ist und gestoppt werden muss«[161].

Dennoch konnte die Sparerfraktion noch nicht vollständig in die Offensive gehen, denn sie vermochte weder genau anzugeben noch zu legitimieren, welche Leistungen in welchem Ausmass abzubauen seien. Damit lief sie Gefahr, in das Messer des sozialdemokratischen Vorwurfes des Sozialabbaus und egoistischer Interessen- und Steuersenkungspolitik hineinzulaufen. In dieser Situation wurde die Forderung nach betriebswirtschaftlichen Rationalisierungsmassnahmen lauter, welche die unmittelbare, »technische« Verbesserung der Ablauforganisation und der Arbeitsproduktivität bei einem angeblich gleich bleibenden öffentlichen Leistungsniveau anstrebten.

»WER DENKT, KOSTEN SENKT«: RATIONALISIERUNGSMASSNAHMEN VOR DER NPM-ÄRA

Der Hongler-Rapport von 1967 und der Huber-Rapport von 1971[162], welche mit dem Zweck erstellt worden waren, Rationalisierungsmöglichkeiten in der Bundesverwaltung auszumachen, schlugen noch pures »wissenschaftliches Management« im Stile der zwanziger Jahre vor. Die Massnahmen, die daraufhin umgesetzt wurden, wie etwa die »Aktion Kostendenken« in der Bundesverwaltung, stiessen im Zuge der neokonservativen Offensive allerdings bald auf harsche Kritik: Dass die Verwaltung mit plakativen Aktionen, bei denen Leitsätze wie »Wer denkt, Kosten senkt«, »Kürzere Briefe, Berichte, Protokolle gleich kleinere Kosten« usw. in die Beamtenbüros gehängt wurden, zu effizienterer Aufgabenerfüllung führen sollte, wurde immer mehr bezweifelt.

Dem verstärkten Druck folgend, Rationalisierungsmassnahmen mit den Zielen der Gegenreform in Einklang zu bringen, führten in den achtziger Jahren 18 Kantone Effizienzsteigerungsprogramme durch, welche sich allesamt an privatwirtschaftlichen Methoden anlehnten. Besonders zum Zug kam dabei die so genannte Gemeinkosten-Wertanalyse (GWA), welche sich zum Ziel setzte, die Verwaltungskosten um nicht weniger als 40 Prozent zu senken. Die GWA war in den fünfziger Jahren erstmals für die amerikanische Firma *General Electrics* angewandt worden und wurde in den siebziger Jahren durch die Beratungsfirma *McKinsey* unter dem Namen »*Overhead Value Analysis*« auf öffentliche Verwaltungen übertragen. Diese relativ autoritäre Methode, bei der Unternehmensberater in kürzester Zeit Einsparungen lokalisieren, stellt, in der Einschätzung von Paul Fink, den Versuch dar, »dem Prinzip des Minimalismus zum Durchbruch zu verhelfen: erbracht werden sollen nur noch notwendige Leistungen und so kostengünstig wie möglich«[163].

Die Methode wurde erstmals im Kanton Zürich 1985 im Projekt *VERAS* angewandt. Unter der Aufsicht des damaligen Chefs der Finanzverwaltung Ernst Buschor hatten hierfür drei private Beratungsfirmen 1.100 Rationalisierungsvorschläge präsentiert und ein Sparpotential von 745 zu kürzenden Stellen mit einem Gesamtwert von 86 Millionen Franken ausgemacht. Tatsächlich umgesetzt wurden dann allerdings nur 40 Prozent der Rationalisierungsvorschläge, weil die Regierung die anderen Vorschläge für politisch nicht machbar hielt[164]. Die Einsparungen beliefen sich damit auf ungefähr acht Prozent der allgemeinen Verwaltungsausgaben. Unzufrieden mit diesem Resultat, kritisierte die *NZZ* den mangelnden Mut der Regierung, die Vorgaben der Beratungsfirmen zu befolgen: »Weshalb diese Scheu, die einzelnen Leistungen der öffentlichen Verwaltung etwas kritischer auf ihre Notwendigkeit zu prüfen? Die Gefahr einer Überdimensionierung des Staatsapparates liegt letztlich nicht darin, dass die Verwaltung nicht willens wäre, moderne und rationelle Arbeitsmethoden anzuwenden – sie liegt viel eher in der geringen politischen Bereitschaft, den Katalog staatlicher Aufgaben und Leistungen unvoreingenommen zu revidieren.«[165]

Mit der gleichen Vehemenz forderten 1986 Hans Letsch und der spätere SVP-Bundesrat Adolf Ogi den Bundesrat auf, die Verwaltung einer GWA zu unterziehen, um »die Bundesverwaltung im Sinne eines modernen Dienstleistungsbetriebs neu [zu] strukturieren«[166], und zwangen ihn, sich an dreizehn auf dem Markt tätige Beratungsfirmen zu wenden. Den Zuschlag erhielt schliesslich die Firma *McKinsey*, die 1987 mit der Durchführung des Projektes »Querschnittsmassnahmen zur Effizienzsteigerung in der Bundesverwaltung« – abgekürzt EFFI-QM-BV – betraut wurde. Nach vier Jahren, im Sommer 1990, setzte der Bundesrat unter Führung Stichs, unzufrieden über den Projektverlauf, der Zusammenarbeit mit der Beratungsfirma ein vorzeitiges Ende. Als Begründung führte er die »unreflektierte Übertragung privatwirtschaftlicher Vorgehensweisen auf die Verwaltung«[167] an. In seinem Schlussbericht hielt der Bundesrat fest, die Massnahmen hätten jährliche Einsparungen von 32 Millionen und jährliche Mehreinnahmen von 2,5 Millionen gebracht[168] – alles in allem eine eher bescheidene Einsparung.

Ein ähnlicher Befund ergibt sich auch bei anderen Methoden der Rationalisierung. Die Zürcher Stadtregierung der achtziger Jahre schwor beispielsweise auf die »Gesamtanalyse«, welche von der Firma *Hayek Engineering AG* entwickelt worden war. Dieses von grossem Publizitätsrummel umgebene Projekt identifizierte ein Rationalisierungspotential von 90 bis 140 Millionen Franken pro Jahr; die tatsächlich erzielten Einsparungen betrugen dann allerdings weniger als 45 Millionen. In ihrem Vergleich der finanzpolitischen Auswirkungen verschiedener Ökonomisierungsstrategien der achtziger Jahre, kamen Armin Jans und Robert Meili daher zum Schluss, dass mit »Rationalisierungsansätzen generell wenig zu erreichen ist«[169]. Während der Personalstopp beim Bund, verglichen mit der Personalentwicklung in den Kantonen, wo kein solcher Stopp zum Tragen kam, Einsparungen von der Grössenordnung von 2,8 Prozent der Gesamtausgaben ermöglicht hatte, und lineare Ausgabenkürzungen Einsparungseffekte von rund 2,1 Prozent erzielten, so bezifferten sie die Spareffekte von Rationalisierungsprogrammen im Stile von EFFI auf 0,2 Prozent, solche nach der Art der Stadtzürcher Gesamtanalyse auf rund 1,4 Prozent. Es kann also festgestellt werden, dass »die Hauptschwierigkeit bei der Rationalisierung von öffentlichen Verwaltungen nicht in der Identifikation von Sparpotentialen, sondern in deren Realisierung liegt«[170].

Diese frühen Rationalisierungsmassnahmen hatten dennoch ihren Nutzen: Durch »entpolitisierte« externe

Überprüfungen legten sie die Basis, einen späteren Leistungsabbau betriebswirtschaftlich zu legitimieren. So kommentierte beispielsweise der damalige Zürcher Stadtpräsident Thomas Wagner seinen Entscheid, Hayek mit der Rationalisierung der Verwaltung zu betrauen mit dem Argument, dass »nur eine unabhängige, unbelastete und unvoreingenommene Instanz [...] Vorschläge für ein optimales Rationalisierungsprogramm liefern kann«[171]. Im gleichen Sinne behauptete die wf, »eine optimale Wirtschaftlichkeit könne nur mit einer systematischen Analyse verwaltungsunabhängiger Berater erreicht werden«[172]. Allgemein kann in diesem Zusammenhang für die frühen Ökonomisierungsstrategien von der Herausbildung eines neuen finanzpolitischen Akteurs gesprochen werden, welcher auf eine gesteigerte Nachfrage reagierte: der Consultant. Raimund Germann spricht von den achtziger Jahren gar als Jahrzehnt der Entdeckung »des öffentlichen Sektors als profitablen Kunden durch die Management-Berater«[173]. Mehrere Consulting-Firmen, die zuvor in der Privatwirtschaft tätig waren, erspähten den Markt der öffentlichen Verwaltungen, machten sich mit den Besonderheiten dieses Sektors vertraut und lenkten mit Promotionsangeboten die Aufmerksamkeit auf ihre Dienstleistungen. Carlo Imboden, Verwaltungsratsdelegierter der Consulting-Firma *ATAG, Ernst & Young* schätzt heute das Marktvolumen für Beratungen bei Verwaltungsreformen auf jährlich 100 Millionen: Dabei entfallen auf die Marktführer *ATAG* 15 Millionen, auf *Visura* sechs Millionen, auf *Coopers & Lybrand*, *Arthur Andersen* und *McKinsey* je fünf Millionen, und *PriceWaterhouseCoopers* rund zwei Millionen Franken[174].

Ernst Buschor: Vom »zornigen jungen Mann« zum Anführer der Reformelite

Neben den Consultants war es aber vor allem Ernst Buschor, der Mitte der neunziger Jahre einen wesentlichen Beitrag leistete, die Debatte um die Verwaltungsmodernisierung voranzutreiben. Gegenüber den herkömmlichen Rationalisierungsmassnahmen, ginge es nunmehr darum, die traditionelle Sparpolitik mit den Erfordernissen einer effizienten Verwaltung unter einen Hut zu bringen – eine »ebenso finanzpolitisch notwendige wie politische heikle und betriebswirtschaftlich anspruchsvolle Notwendigkeit«, wie Buschor 1993 vor der Zürcher Handelskammer ausführte: »Letztlich müssen Strategien der Aufgabenpriorisierung, der Ausgabenkürzungen und der Verwaltungsmodernisierung wieder zu einem Ganzen zusammengefügt werden.«[175]

Die Strategie der linearen Ausgabenkürzungen allein – »überall etwas weniger« – sei an ihre Grenzen gestossen, da diese auch ökonomisch wichtigen Sektoren und Investitionen im Infrastruktur- und Bildungsbereich treffe, wodurch »erhebliche, vermeidbare Produktivitätseinbussen« entstünden. Gerade auf diesem Gebiet seien jedoch »in den letzten zwanzig Jahren vorab im anglo-amerikanischen Bereich erhebliche Fortschritte bei der Wirkungsmessung erzielt worden«. Buschor wies dabei auf die »Autorität der Wissenschaft« hin, die für die Modernisierung notwendig ist: »Noch nie hat ein verwaltungswissenschaftliches Steuerungsmodell eine derart breite Anwendung erfahren und zu einem so hohen wissenschaftlichen Konsens über die Zweckmässigkeit und Wirksamkeit geführt.«[176] Von diesem wissenschaftlichen Konsens profitiere NPM, so Buschor ein Jahr später vor dem rechtskonservativen Redressement National. »Der politische

Ansatz ist insofern radikal, als es nicht – wie bei linearen Kürzungen oder anderen zuweilen zögerlichen Reformansätzen – um die Schonung des Status quo, sondern um bewusste, zügige Veränderung des staatlichen Dienstleistungsangebots im Einklang mit den finanziellen Möglichkeiten geht.«[177]

Diese beiden Interventionen kurz nach seiner Wahl in die Zürcher Regierung dienten dazu, die Zürcher Unternehmer und konservativen Politiker von der Wirksamkeit von NPM zu überzeugen, und mit den Verweisen auf die wissenschaftlich mögliche Definierbarkeit, Separierbarkeit und Quantifizierbarkeit aller relevanten staatlichen Dienstleistungen den Glauben zu nähren, die Staatsquote könne bei einem gleichbleibenden Leistungsniveau gesenkt werden. Die akademische Überzeugungskraft des »blitzgescheiten ›Folien- und Ankündigungsministers‹«[178], der im »Wettbewerb« das Wundermittel für die Behebung des Reformstaus und der parteiübergreifenden Streitereien gefunden hatte, darf indessen nicht darüber hinwegtäuschen, dass bei Ernst Buschor, wie bei vielen neoliberalen Intellektuellen, die subjektive Motivation akademischer Tätigkeit über die eigenständige Wissensproduktion hinausgeht, und dass seine wissenschaftliche Arbeit durchaus im Einklang mit dem Programm der neokonservativen Gegenreform steht. Buschors Projekt lässt sich in der Tat bereits aus seinen Frühschriften und Aktivitäten als Chefbeamter und Verwaltungswissenschaftler herauslesen: die konsequente Ökonomisierung der Politik, bei der es weniger darum geht, die »effiziente« Steuerung und Umsetzung des Modernisierungsprozesses allein dem Markt zu überlassen, als vielmehr sie (in Abstimmung mit anderen politischen und ökonomischen Akteuren) über die Spitze der staatlichen Bürokratie zu zentralisieren. Damit verkörpert er genau jenen Typus der Reformelite, die Modelle zur Anwendung bringen, mittels derer, wie James O'Connor in seiner Analyse für den amerikanischen Kontext festhielt, »politische Fachkenntnis und professionelle Kompetenz an die Stelle des kämpferischen, parteiischen Einsatzes [treten] – mit anderen Worten: die etatpolitischen Entscheidungen werden tendenziell aus der politischen Arena herausgenommen und werden technokratisch gefällt.«[179]

Buschor hatte als jahrelanger Chefbeamter in der zweitgrössten Verwaltung der Schweiz (nach der des Bundes), wo er als nur 32jähriger über die Besoldung von 28.000 Beschäftigten herrschte, zahlreiche Möglichkeiten, seine Modelle auszuarbeiten und zu testen. So wurde er in den siebziger und achtziger Jahren damit betraut, die strukturelle Gliederung des Kantons neu zu überdenken und die Aufgabenteilung zwischen Kantonen und Gemeinden neu zu ordnen. Buschors frühe Bemühungen, durch die Einführung finanzieller Kennzahlen und Quoten die finanzielle Führung der Verwaltung am Modell eines privaten Unternehmens auszurichten, zeigten sich aber insbesondere im kantonalen Rechnungsmodell, welches er als Delegierter der Kommission der kantonalen Finanzdirektoren ausgearbeitet hatte und welches heute als »Buschor-Modell« in fast sämtlichen Kantonen benutzt wird. Dieses nach den Kriterien einer privaten Firma ausgerichtete Budget sollte in der Vorstellung Buschors die Verwaltung zu einer »Steigerung der Effizienz bei der Aufgabenerfüllung, einer vermehrten Durchsetzung des Verursacherprinzips, einer vertieften Analyse und Kontrolle der Folgekosten und einer grundsätzlichen Überprüfung des Angebots öffentlicher Dienstleistungen«[180] veranlassen.

Allerdings war Buschor aus seiner Position heraus auch mit den Grenzen seiner Modelle bestens vertraut. Wie die beiden »Reformhistoriker« Jans und Meili rückblickend festhalten, konnte in der Tat eine privatwirtschaftliche Buchführung »kaum etwas zur Rationalisierung der öffentlichen Verwaltung beitragen«[181], solange der Staat weiterhin neue Aufgaben übernahm und gesellschaftspolitische Kräfteverhältnisse den Leistungsabbau unmöglich machten. Ausserdem, so der Zürcher Regierungsrat, wiege im Gegensatz zu einem privaten Unternehmen für die öffentliche Verwaltung der Umstand besonders schwer, »dass die Kostenträger schwer definierbar sind (etwa im Bereich der polizeilichen Dienstleistungen)«[182].

Buschor lernte daher rasch zwei Dinge: Erstens, dass es zur Umsetzung seiner Modelle einer wissenschaftlichen Weihe bedürfe und zweitens, dass finanzpolitische Fragen in einen weitergehenden gesellschaftspolitischen Rahmen zu stellen seien, denn »wer nur die Finanzen versteht, versteht auch diese nicht«[183], wie er 1983 in seiner politischsten Schrift mit dem Titel »Die öffentliche Finanzwirtschaft zwischen Automatismen und Mittelverknappung« festhielt. Dessen Herausgeber, der wf-Präsident Richard Reich schrieb denn auch im Vorwort, Buschor hätte das Buch geschrieben »mit dem Temperament eines zu Recht ›zornigen jungen Mannes‹ – zu recht deshalb, weil er nicht ohne Grund befürchtet, dass wir im Begriffe sind, eine kaum so rasch wiederkehrende Chance zu vertun«[184]. Diese Chance von der Richard Reich spricht, war die einer grundsätzlichen Umkehr in der Sozial- und Finanzpolitik; das Instrument, um diese zu erwirken, kein anderes als die Politik der leeren Kassen. Eine »Mittelverknappung«, wie der Titel besagt, um die verschiedenen »Automatismen«, welche »zahlreichen Interessengruppen aller Art« erlauben würden, »ihren Besitzstand unbekümmert ums Ganze zu verteidigen«[185], zu brechen.

Buschor war sich allerdings im Klaren darüber, dass sich durch eine solche Politik »die Verteilungskämpfe verschärfen [würden], konnten diese doch bisher dank der wachsenden Staatsquote entschärft werden«[186]. Was seiner Meinung nach fehlte, war ein wissenschaftlich legitimiertes Führungsmodell, welches die Umsetzung dieser Strategien integrieren und ermöglichen würde und somit die Verteilungskonflikte entschärfen könnte. Eine betriebswirtschaftlich ausgerichtete Verwaltungsführung sollte den Eindruck erwecken, dass es keine politischen Konflikte mehr gibt, beziehungsweise dass entstehende politische Konflikte sich auf die Verteilung der knappen Mittel beziehen und immer rational beigelegt werden können. Er rief in diesem Sinne die Verwaltungswissenschaft dazu auf, »eine bedeutendere Rolle bei der Lösung von Problemen des öffentlichen Sektors [einzunehmen]. Es fehlt vor allem an Beiträgen, welche unabhängig von Interessenorganisationen Probleme untersuchen und Lösungen aufzeigen.«[187]

Zwar wurde das wissenschaftliche Management in der Schweiz durch die Schweizerischen Verwaltungskurse an der HSG, welche 1938 gegründet wurde, akademisch vorangetrieben, doch mangelte es an einer geeigneten institutionellen Absicherung. Bereits in den siebziger Jahren erschallte daher verschiedentlich der Ruf nach der Schaffung einer Verwaltungswissenschaftlichen Hochschule. So führte beispielsweise der Basler Ökonomieprofessor Pius Bischofberger in einem Aufsatz über den Stand der Verwaltungswissenschaften in der Schweiz an, es fehle einer der privaten Betriebswirtschaftslehre analogen Disziplin: »So muss immer wieder auf Erkenntnisse dieses Wissenschaftszweiges zurückgegriffen werden. Die Regierungs- und Verwaltungsreform hat aber letztlich doch auf eigenen Füssen zu stehen […] Wissenschaftliche Arbeit bedarf eines institutionellen Rahmens.«[188]

Diesem Ruf wurde 1981 mit der Gründung des Institut des Hautes Etudes en Administration Publique (IDHEAP) in Lausanne Folge geleistet. Die Initiative und die anfängliche finanzielle Unterstützung ging auf den ehemaligen Spitzenmanager von Nestlé Enrico Bignami zurück, welcher der Meinung war, es solle »für die Forschung in Managementfragen im öffentlichen Sektor ein ähnlicher Aufwand betrieben werden wie im privaten Sektor«[189]. Wichtiger für den neoliberalen Kontext als diese auf politikwissenschaftlicher Analyse ausgerichtete Westschweizer Hochschule ist jedoch die Gründung eines Lehrstuhls für Betriebswirtschaftslehre »mit besonderer Berücksichtigung der öffentlichen Verwaltung« an der HSG ein Jahr früher, einer Hochschule, an der nicht nur die grosse Mehrheit der Weissbuchautoren studiert oder gelehrt hat, sondern die wie keine andere die Wende hin zur »Neuen Politischen Ökonomie« radikal vollzogen hat. Der Lehrstuhl wurde zum ersten Mal 1985 ordentlich besetzt: durch Ernst Buschor.

Als Universitätsprofessor konnte Buschor seinen Ruf als einer der weltweit führenden Experten im Bereich der Verwaltungsführung ausbauen. Einerseits, indem er akademisches Kapital anhäufte, welches er aus dem angelsächsischen Raum importierte und so symbolischen Profit aus den »modernen« Theorien ziehen konnte. Und andererseits verfügte er mit seiner Erfahrung aus der Verwaltung auch über institutionell-bürokratisches Startkapital, welches er nach und nach durch eine gezielte Repräsentationsarbeit in verschiedenen ausseruniversitären hochwertigen Gremien erweitern konnte. Als regelrechter Wissenschaftsmanager knüpfte er u.a. auch zum reibungslosen Funktionieren seines Unternehmens, dem Institut für Finanzwissenschaft und Finanzrecht (IFF), welches zu 90 Prozent aus fremden Zuwendungen finanziert werden musste, die notwendigen Beziehungen, und war in jenen Ausschüssen und Kommissionen tätig, in denen die massgeblichen Subventionen vergeben werden, welche aber auch gleichermassen über Kolloquien, Tagungen und Treffen seine Produkte bekannt machten.

So amtete Buschor lange Zeit als Präsident der Schweizerischen Hochschulkommission, in der er die Hochschulplanungsreform leitete und die Hochschulevaluation institutionalisierte, war stellvertretender Präsident der Fachkommission »Öffentliche Unternehmen und Verwaltungen« des Hochschullehrerverbandes und Präsident der Expertengruppe des nationalen Forschungsprogramms »Wirksamkeit staatlicher Massnahmen« des schweizerischen Nationalfonds. Schliesslich gründete er 1983 zusammen mit Hans Letsch die Schweizerische Gesellschaft für Verwaltungswissenschaften (SGVW), Schweizerische Sektion des Internationalen Instituts für Verwaltungswissenschaft, welcher er bis heute als Präsident vorsteht. Die Gesellschaft setzte sich zum Ziel, wie dies an der Eröffnungstagung betont wurde, »intelligentes Sparen« zu fördern, d.h. die Entwicklung von Instrumenten »im Kampf gegen das Wachstum der öffentlichen Verwaltung mit seinen tieferliegenden Ursachen (Anspruchsinflation u.a.)«[190] voranzutreiben. Inzwischen ist die SGVW zu einem Forum geworden, welches massgeblich zur Verbreitung des NPM-Gedankenguts beiträgt. Gerade in den Chefbeamten fand Buschor seine wichtigsten Verbündeten, die lange darauf gewartet hatten, endlich zu mehr unternehmerischem Spielraum zu gelangen. So gründeten auf Impuls der SGVW eine Handvoll Spitzenbeamte des Bundes die Arbeitsgruppe »Handlungsspielraum«, welche die Umwandlung des Bundesamtes für geistiges Eigentum in eine öffentlich-rechtliche Anstalt vorbereitete, das eigentliche NPM-Pionierprojekt der Schweiz.

Den Startschuss, mit dem NPM unter Chefbeamten, Exekutivpolitikern und Wirtschaftsvertretern bekannt wurde, gab Buschor indes mit der Vergabe des »Bertelsmannpreises für die bestgeführte Stadt der Welt«, welche er als Jurypräsident den beiden frühen NPM-Vorzeigestädten Phoenix (USA) und Christchurch (Neuseeland) erteilte. Die Preisvergabe nahm Buschor 1992 zum Anlass, in St. Gallen eine mit Vertretern aus Politik und Wirtschaft hochdotierte Konferenz zu veranstalten, welche den Anstoss zur ersten umfassenden NPM-Reform der Schweiz in der Stadt Bern gab und das IFF dazu veranlasste, Reform-Modelle auszuarbeiten, welche kurz darauf in den Kantonen Luzern (»Wirkungsorientierte Verwaltungsführung, WoV«) und Bern (»Neue Führung der Verwaltung, NEF«) umgesetzt wurden. Als Berater dieser ersten Reformen amteten die damaligen Assistenten Buschors Kuno Schedler, der später seine Nachfolge an der HSG antrat, Peter Grünenfelder, der nach einem Abstecher als Sekretär des Arbeitgeberverbandes und der Schweizer FDP Buschors persönlicher Mitarbeiter in der Regierung wurde, sowie der wissenschaftliche Mitarbeiter Luca Stäger, der später bei der NPM-Reform im Kanton Zürich die Leitung der Spitalreform übernahm. Buschors Assistenten gründeten gemeinsam die kommerzielle Beratungsfirma PuMaConsult, die heute unter anderem mit der NPM-Reform des Kantons St. Gallen beschäftigt ist. Den fliessenden Übergang zwischen wissenschaftlicher Forschung und kommerzieller Beratertätigkeit rechtfertigt Kuno Schedler damit, dass »diese – vielleicht auch etwas amerikanische – Art des Erkenntnisgewinns [...] im Fall des New Public Managements absolut notwendig sein [dürfte], und der Wissenschaftler darf sich ohne weiteres in eine Grauzone zwischen Theorie und Praxis begeben, wenn sich dabei die Gelegenheit bietet, schlauer zu werden«[191].

Ernst Buschor fand sich also innerhalb weniger Jahre im Zentrum jener »Gruppe von Wissenschaftlern, Chefbeamten [...] sowie einigen Politiker, die sich zum Ziel setzten, diese Reformen rasch im Bund und den Gemeinden durchzusetzen«[192], wieder, deren Gewicht mit wachsender symbolischer Wirksamkeit im politischen Feld zunahm. Gepaart mit der neuen Nachfrage nach gesellschaftlicher Anwendung der Verwaltungswissenschaft und der »Revolution« in den Verwaltungswissenschaften, wie sie in den vorangehenden Abschnitten herausgearbeitet wurden, hat Buschor damit im Kampf um die legitime Benennung sowohl staatlicher Handlungen als auch der Bestimmung der Voraussetzungen und Kriterien der legitimen Zugehörigkeit zu jenem Kreis, der dazu legitimiert ist, dies zu tun, die relevanten, wirksamen Eigenschaften nicht nur massgeblich mitdefiniert, sondern vor allem auf sich vereinen können. Die dadurch veränderten Denk- und Ausdrucksmuster, neuartige Fragestellungen und Anschauungen von intellektueller Arbeit haben ihm dabei geholfen, den nötigen Respektabilitätseffekt zu erzeugen, der geeignet war, sein politisches Projekt mit dem Deckmantel wissenschaftlicher Autorität zu umkleiden.

So begann Buschor mit der zunehmenden Diskussion um die Finanzkrise des Staates zu Beginn der neunziger Jahren direkter im politischen Feld zu intervenieren. Anlässlich der Generalversammlung der wf von 1990 zum Thema »Finanzpolitische Weichenstellungen der neunziger Jahre« rief er dazu auf, die Politik der leeren Kassen auch dann durchzuziehen, wenn es um die Finanzlage des Staates nicht allzu schlecht stünde, weil »die guten Abschlüsse der letzten Jahre die Widerstandskraft gegen Begehrlichkeiten aller Art geschwächt haben«[193]. Sein Programm las sich wie die Vorwegnahme der Weissbücher: Senkung der direkten Steuern, Einführung der Mehrwertsteuer, Abschaffung des Börsenstempels, Neuordnung der Renten- und Gesundheitsfinanzierung usw. In den Jahren 1991 und 1992 stellte er in einer Reihe von Zeitungen[194] seine Rezepte für die Gesundung der Staatsfinanzen vor: Angesichts der »völlig katastrophalen Lage der Staatsfinanzen« habe nun auch in der Schweiz »die Stunde der finanzpolitischen Wahrheit« geschlagen. Buschor plädierte u.a. für Privatisierungen, Leistungsabbau und institutionelle Massnahmen wie die Ausgabenbremse, aber auch für betriebswirtschaftliche Führungsmodelle der Verwaltung. Zeitgleich schaltete er sich in die politische Reformdiskussion im Kanton Zürich ein, indem er, damals noch Professor, anstatt der vom Regierungsrat in Auftrag gegebenen Studie über den Finanzausgleich zwischen dem Kanton und der Stadt Zürich ein als »Buschor-Bericht« bekannt gewordenes, breit angelegtes Reformprogramm ablieferte, mit welchem er versprach, dank moderner Managementtechniken rund zehn Prozent der Verwaltungskosten einsparen zu können, was wiederum zum Zweck der Steuersenkungen verwendet werden könne: »Ohne günstige Steuerbedingungen vorab bei den juristischen Personen ist der Raum Zürich nicht in der Lage, andere ungünstige Standortfaktoren wie hohe Landpreise oder Löhne zu ›kompensieren‹.«[195]

Damit schien Ende 1992 für Buschor die Zeit reif, in die Politik einzusteigen. Im Oktober präsentierte die Christlichdemokratische Volkspartei des Kantons Zürich die Kandidatur Ernst Buschors für die Ersatzwahlen in den Regierungsrat. Der *Tages-Anzeiger* kommentierte die Kandidatur des »in allen politischen Lagern anerkannten und geschätzten Wirtschaftsprofessors« als einen »Geniestreich«[196], und für das bürgerliche Lager die Antwort auf die scheinbar unlösbare Frage, wie sich der fünfte bürgerliche Sitz in der Regierung in einer Zeit herber finanzpolitischer Auseinandersetzungen doch noch halten liesse. Buschor selbst empfahl sich während des Wahlkampfs als »Grenzgänger zwischen Politik, Wirtschaft und Wissenschaft« der den Rückstand der Schweiz in der Verwaltungsführung aufholen wolle: Die Kandidatur sei daher für ihn »eine Pflicht und eine Chance«[197], denn er erachtete es als »wesentlich, dass ökonomischer Sachverstand in einer sehr schwierigen Situation zum Tragen kommt«[198]. Mit seiner Wahl im Frühling 1993 schloss sich der Kreis: Buschor schien endlich in die Position gekommen zu sein, sein eigenes Projekt umzusetzen. Wie er dem *Tages-Anzeiger* zu Protokoll gab, war dies die Erfüllung einer Mission, über welche er nach seiner Zeit als Regierungsrat in einem Standardwerk über Führungssysteme der Verwaltung Zeugnis ablegen will: »Es gibt nicht viele, die die theoretischen und praktischen Voraussetzungen wie ich dafür haben. […] Ist es dann nicht vernünftig, wenn ich mir sage, ich will dieses Gebäude von Grund auf für die Nachwelt beschreiben?«[199]

3. Finanzpolitik und gesellschaftspolitische Gegenreformen im Kanton Zürich

Die Finanzsoziologie analysiert den öffentlichen Haushalt und die Finanzpolitik, d.h. die Mechanismen und Wechselbeziehungen zwischen öffentlichen Einnahmen und Ausgaben, als Ausdruck gesellschaftlicher Kräfteverhältnisse zu einem gegebenen historischen Zeitpunkt. Das vorangegangene Kapitel hat in diesem Sinne versucht, das ideologische Kraftfeld zu skizzieren, in dem verschiedene Ökonomisierungsstrategien für die Umsetzung der neokonservativen Gegenreformen durch die massgebenden Akteure (Unternehmerkreise und Reformelite) über eine lange Zeitspanne hinweg vorbereitet wurden.

Umgekehrt hat die Finanzsoziologie aber auch zum Ziel, die Rückwirkungen der Finanzpolitik auf die Gesellschaftsentwicklung zu betrachten. Insbesondere interessieren deren Implikationen in Bezug auf die Art und Weise, wie eine Gesellschaft den öffentlichen Bedarf organisiert und die Befriedigung kollektiver und individueller Bedürfnisse bestimmt. Es wurde bereits mehrfach darauf hingewiesen, dass die finanzpolitischen Entwicklungen der letzten Jahre – insbesondere in ihrer Ausformung der Politik der leeren Kassen – als Hauptmotor zur Durchsetzung finanzpolitischer Ziele (Senkung der Staats- und Steuerquote, Privatisierungen) dienten. Wie erinnerlich, liegen die Vorzüge einer solchen Politik aus der Sicht der Neokonservativen darin, in einem System parlamentarischer Demokratie, in dem nebst den besitzenden Klassen auch andere Interessen ein gewisses Gewicht bei der Formulierung wirtschafts- und sozialpolitischer Belange erhalten, deren Forderungen mit dem Verweis auf fehlende finanzielle Mittel zurückzuweisen: Die »Sanierung« des Staatshaushalts wird als vordringliches Ziel deklariert, dem sich alles andere unterzuordnen hat. Dieser Vorteil macht es nötig, die Politik der leeren Kassen nicht als »eine zufällige oder umstandsbedingte Taktik [zu erfassen], sondern im Gegenteil als eine strategische Orientierung«[200] der herrschenden Klassen.

Ist die Finanzknappheit einmal hergestellt, kommt der »Zwillingsbruder« der Politik der leeren Kassen ins Spiel: NPM. Die Finanzknappheit muss nicht nur »wissenschaftlich« legitimiert werden, sondern sie will auch mit den geeigneten Instrumenten verwaltet werden können. NPM bietet die nötige Hilfe, um die rar gewordenen öffentlichen Ressourcen »rational« und »effizient« und mit weitgehend beschränkten demokratischen Mitsprachemöglichkeiten in die gewünschten Bahnen zu lenken. Damit können weitergehende gesellschaftspolitische Gegenreformen in Angriff genommen werden.

Das vorliegende Kapitel befasst sich in der Folge mit diesem zweiten Aspekt der Finanzsoziologie, den sozialen Auswirkungen der Finanzpolitik. Ausgehend vom Beispiel des Kantons Zürich der neunziger Jahre soll zunächst die Politik der leeren Kassen nachgezeichnet werden. Wie in kaum einem Kanton der Schweiz wurden hier die finanzpolitischen Forderungen der Gegenreform weitgehend erfüllt, d.h. die staatliche Finanzierung in Bereichen, welche besonders unteren Schichten zugute kommen (wie das Gesundheits- und Bildungswesen), massiv zurückgenommen sowie die Steuerlast für Unternehmen und hohe Einkommen markant gesenkt. Mitte der neunziger Jahre wurde Ernst Buschor in die Zürcher Regierung gewählt, und damit erhielt die neokonservative Gegenreform eine neue Note: Unter dem Zugzwang der Legitimierung und auf dem Boden der Finanzknappheit leitete dieser das NPM-Reformprojekt »wif!« ein. Besonders im Gesundheits- und Bildungswesen können heute die Resultate dieser Ökonomisierungsstrategie einer ersten Bilanz unterzogen werden.

POLITIK DER LEEREN KASSEN IM KANTON ZÜRICH DER NEUNZIGER JAHRE: EINE AUSLEGEORDNUNG

»Verdüsterung am Finanzhorizont des Kantons« – »Der Kanton Zürich steckt in einer finanziellen Krise« – »Kanton Zürich rutscht von Riesendefizit zu Riesendefizit« – »Desolate Finanzlage des Kantons« – »Kanton erneut vor dem Abgrund«[201]: So einige Titel aus der bürgerlichen Presse, die belegen, dass sich kaum ein Feld so gut für Übertreibungen und Hiobsbotschaften eignet wie die Finanzpolitik. Um die Politik der leeren Kassen jedoch vor dem Hintergrund der tatsächlichen Finanzlage des Kantons Zürich beurteilen zu können, ist es von Nutzen, mit einigen Überlegungen zur konkreten ideologischen Funktion der Finanzkrisenrhetorik zu beginnen.

Die Haushaltsführung des Kantons Zürich richtet sich am Rechnungsmodell aus, welches von Ernst Buschor in den achtziger Jahren entwickelt und im Verlaufe der achtziger Jahre noch enger an betriebswirtschaftliche Kriterien angelehnt wurde. Darin nehmen zwei Kennzahlen eine herausragende Rolle ein: der Selbstfinanzierungsgrad und die Entwicklung des Eigenkapitals. Auf den ersten Blick mag diese Gewichtung Sinn machen. Selbstfinanzierungsgrad und Eigenkapital umschreiben, über wieviel Kapital der Kanton verfügt, um seine Ausgaben zu decken. In Zeiten hoher Defizite braucht sich dieses Kapital nach und nach auf, und der Kanton ist vermehrt gezwungen, auf den Kapitalmarkt auszuweichen und sich zu verschulden.

Fällt der Selbstfinanzierungsgrad (Anteil der getätigten Investitionen durch eigene Mittel) unter Null, können die Investitionen überhaupt nicht mehr eigenfinanziert werden und es muss sogar Geld aufgenommen werden, um die Ausgaben der Laufenden Rechnung (z.B. Löhne) zu decken. Eric Honegger bezog sich beispielsweise ausschliesslich auf diese Kennziffer, als er 1996 die dreiprozentige Lohnkürzung beim Staatspersonal ankündigte: Die Entwicklung des Selbstfinanzierungsgrads sei eine »eigentliche Katastrophe« und der Kanton laufe Gefahr, »in eine Finanzfalle zu geraten, aus der es kein Entrinnen mehr gibt«[202]. In der Tat fiel der Grad von 95 Prozent (1986), als also nur fünf Prozent der Investitionen über den Kapitalmarkt finanziert werden mussten, auf 15 Prozent (1991): ein dramatischer Sturzflug! Erst langsam erholte er sich und kletterte 1995 erneut auf 76 Prozent, nur um ein Jahr später wieder auf 30 Prozent zu sinken[203]. Es schien also, als hätte der Kanton die Finanzen in den neunziger Jahren »überhaupt nicht im Griff«[204], wie die *NZZ* 1992 schrieb.

Festzuhalten ist indessen, dass sich der Kanton nie verschulden musste, um die laufenden Ausgaben zu decken. Vor allem bestehen aber über die Berechnungsgrundlage des Selbstfinanzierungsgrads erhebliche Zweifel. Wie

Thomas Ragni[205] dargelegt hat, kann er durch eine rein buchhalterische Massnahme, wie die mehr oder weniger hohe Festsetzung von Abschreibungen, stark beeinflusst werden. Ausserdem ist die Berechnungsbasis des Grades äusserst schmal, da die Definition von Investitionen sehr eng betriebswirtschaftlich definiert ist. Damit kann es bei auch nur sehr geringen Finanzierungsdefiziten – gemessen am Steueraufkommen, am Ausgabenvolumen oder am Volkseinkommen – sehr schnell zu »dramatisch« aussehenden Unterdeckungen und damit der Zwang zu scheinbar riesiger neuer Fremdkapitalaufnahme entstehen. Tatsächlich machte diese Berechnungsbasis 1997 aber gerade mal neun Prozent aller Ausgaben aus.

Die zweite Kennziffer von Gewicht in den finanzpolitischen Auseinandersetzungen ist das Eigenkapital, welches nach offizieller Lesart von einem rapiden Schrumpfungsprozess befallen ist. Die von Buschor konzipierte Rechnungsführung rechnet jedoch beispielsweise die kantonalen Anteile der Zürcher Kantonalbank oder des Flughafens nicht dazu, so dass auch hier die Interpretation der offiziellen Zahlen einige Mühe bereitet. Ragni hält in diesem Zusammenhang ironisch fest, dass jedem Konzern, der solche gewaltigen »stillen Reserven« wie der Kanton Zürich angehäuft hat, heute die Zertifizierung verweigert würde.

Man kann ihm also mit einiger Berechtigung darin zustimmen, dass mit geschickter Auswahl und Hervorhebung bestimmter »objektiver Kennzahlen« eine mit statistischen Mitteln betriebene Panikmache geführt wurde, mit der es der Zürcher Regierung gelungen ist, die Kunst des Schwarzmalens zur Perfektion zu treiben und so die Vorhaben zur Ausgabenkürzung politisch zu rechtfertigen.

Wie sieht es nun aber mit den weniger drastisch aussehenden, dafür umso aussagekräftigeren Kennzahlen aus? Im Zeitraum »extrem« unter 100 Prozent liegender Selbstfinanzierungsgrade zwischen 1983 und 1997 ist im Kanton Zürich die Steuerquote von 5,4 auf 4,8 Prozent gesunken und die Staatsquote unwesentlich von 11,1 auf 12,1 Prozent gestiegen. Im Vergleich dazu ist die Staatsquote zwischen 1985 und 1997 im Durchschnitt aller Kantone von 12,8 auf 14,6 Prozent gestiegen.[206] Die Neuverschuldungsquote ihrerseits (Zunahme der Verschuldung in Prozent des Volkseinkommens), das zentrale Kriterium zur Aufnahme in die europäische Währungsunion, welches der Maastricht-Vertrag auf drei Prozent festlegte, liegt nach Eigenberechnungen Ragnis im Kanton Zürich bei 0,2 Prozent. Es ist übrigens bezeichnend, dass genau diese Kennzahl in den offiziellen Rechnungen des Kantons Zürich nirgends auftaucht. Welche Schlussfolgerung kann daraus gezogen werden? Die Finanzen des Kantons Zürich waren auch in den gesamtwirtschaftlich schlechtesten Jahren, die von einem scharfen Anstieg der Arbeitslosenquote begleitet waren, kerngesund. Nicht ganz zufällig erteilt die Rating-Agentur Standard & Poor's dem Kanton auch 1997 Jahr für Jahr die Bestnote AAA.

Die stark gesunkene Steuerquote ist Ausdruck einer Serie von Steuerentlastungen der Unternehmen und der hohen Einkommen, welche wiederum als Grundlage dienten, um ausgabenseitig die Finanzen wieder ins Lot zu bekommen. Steuerpolitik und Austeritätspolitik[207]: Diese zwei Facetten der Politik der leeren Kassen sollen nun etwas näher im Zürcher Kontext der neunziger Jahre angeschaut werden.

STEUERSENKUNGEN: »VIEL FÜR DEN STANDORT, WENIG FÜR'S VOLK«

1983, 1987, 1989 und 1991 traten im Kanton Zürich revidierte Steuergesetze in Kraft. Sie zielten darauf ab, wie der Zürcher Regierungsrat 1993 in seiner Stellungnahme zur (chancenlosen) sozialdemokratischen Volksinitiative »für einen solidarischen Steuertarif« schrieb, welche eine stärkere Besteuerung der Einkommen über 100.000 Franken forderte, das Steuergesetz von 1974 »zu korrigieren«[208]. Dieses war unter dem Eindruck der damaligen »Reichtumssteuerinitiative« der SP entstanden und hatte untere und mittlere Einkommen stark entlastet. Zusätzlich senkte der Kantonsrat in zwei Schritten den kantonalen Steuerfuss, der 1973 auf 120 Prozent erhöht worden war, auf zuerst 115 (1985) und dann auf 108 Prozent (1988). Diese Revisionen entsprachen, wie die Handelskammer mit Genugtuung feststellen konnte, »einem alten Postulat der Wirtschaft«[209].

Wie Thomas Bauer und Stefan Spycher errechnet haben, wurden durch die Revisionen vor allem die Segmente ab 150.000 Franken Einkommen bevorzugt[210]. Bei diesen entsprach die Steuerentlastung mindestens zwei Prozent des Jahreseinkommens, womit sich die reale Steuerbelastung um rund einen Viertel reduzierte. Hingegen wurden die Einkommen bis 80.000 Franken unterdurchschnittlich entlastet: Die Reduktion entsprach hier rund einem Prozent des Einkommens. Anders formuliert: Bei einem steuerbaren Einkommen von 40.000 Franken konnten die Steuerpflichtigen 1991 gegenüber den Steuersätzen von 1981 ganze 247 Franken an Steuern einsparen. Bei 78.000 Franken musste der Steuerpflichtige 1.858 Franken weniger dem Staat abliefern, bei 157.000 Franken waren es 7.213 und bei einem steuerbaren Einkommen von 313.000 Franken mussten 1991 gegenüber 1981 ganze 18.000 Franken weniger Steuern bezahlt werden.[211] Die Reform der Vermögenssteuer von 1991 wurde ebenfalls vorwiegend zum Vorteil der Wohlhabenden durchgeführt. Bei den Vermögen über 1,5 Millionen Franken reduzierte sich der geschuldete Steuerbetrag um 43 bis 66 Prozent. Die Vermögen zwischen 50.000 Franken und 1,5 Millionen kamen mit einer Entlastung zwischen zehn bis 25 Prozent weg.

Zu vermerken ist allerdings, dass rund drei Viertel der Bevölkerung, da ohne oder mit geringem Vermögen, ohnehin von dieser Reform ausgeschlossen blieb. Dieser Sachverhalt weist darauf hin, dass für die Beurteilung der Steueränderungen auch die Einkommens- und Vermögensverteilung in der Bevölkerung zu berücksichtigen ist. Wurde diese bis 1975 kontinuierlich gleichmässiger, so nahmen die Disparitäten seit 1975 wieder zu. 1991 waren die Unterschiede zwischen oben und unten bedeutend: Die einkommensschwächsten zehn Prozent verfügten über ein Einkommen von weniger als 10.000 Franken (0,7 Prozent des Gesamteinkommens der Zürcher Bevölkerung). Auf die untersten 20 Prozent entfielen 3,5 Prozent, auf die untersten dreissig 8,2 Prozent. Die einkommensstärkste Gruppe (ab 200.000 Franken), welche ein Prozent der Bevölkerung ausmacht, nahm fast zehn Prozent des Gesamteinkommens des Kantons für sich in Anspruch. Bei den Vermögen war die Ungleichheit noch viel ausgeprägter: 25 Prozent verfügten über gar kein Vermögen, die unteren 50 Prozent teilten sich weniger als drei Prozent des Vermögens. Das reichste Prozent nahm 37 Prozent des Vermögens in Anspruch, während sich die reichsten zehn Prozent 73 Prozent des Vermögens teilten. Um diese Entwicklung zu kompensieren, hätte also eine stärkere Steuerprogression erfolgen müssen – das Gegenteil war indessen der Fall: Die Ungleichverteilung der Reineinkommen wurde durch die Besteuerung noch verschärft.

Zwei weitere Elemente sind in diesem Zusammenhang in die Einschätzung der Steuerpolitik mit einzubeziehen: Einerseits waren die Steuersenkungen mit einer Verschiebung des Anteils von den direkten zu den indirekten Steuern verbunden. Während 1983 die Staatssteuern 46 Prozent der gesamten kantonalen Einnahmen lieferten, waren es 1997 nur noch 33,7 Prozent[212]. Dies bedeutet, wie der Regierungsrat 1993 ausführte, »dass ein zunehmender Anteil des Staatshaushalts über andere Einnahmen finanziert wird, wobei dadurch das Nutzniesser- und Verursacherprinzip mehr zum Tragen kommt«[213]. Während 1995 real die Steuererträge 13,5 Prozent höher waren als 1991, stieg der Anteil an Entgelten um 37,6 Prozent. Die kantonalen Leistungen wurden somit teurer. Besonders drastische Zuwachsraten waren bei den Spitaltaxen (Erhöhung um 49,3 Prozent seit 1991) sowie bei Schul- und Kursgeldern, insbesondere den Studiengebühren, (Erhöhung um 74 Prozent) zu verzeichnen[214]. Das Gesundheitswesen erwirtschaftete 1997 9,6 Prozent der gesamten kantonalen Einnahmen und wurde, hinter den Steuern und den Einnahmen aus dem Verkehrsbereich und vor dem Bildungswesen, die drittwichtigste Einnahmequelle des Kantons. Andererseits wurden als Folge der fehlenden Steuereinnahmen massive Sparprogramme durchgeführt, wobei, wie noch gezeigt werden wird, vor allem im Bildungs- und Gesundheitsbereich gespart wurde. Diese beiden Effekte wirkten sich in erster Linie zuungunsten der unteren Einkommen aus.

Was die Unternehmen angeht, so wurde ihnen durch die verschiedenen Revisionen der Steuergesetze beträchtliche Steuererleichterungen gewährt, womit ihr Anteil an der kantonalen Steuerleistung seit 1975 kontinuierlich zurückging: von 25,8 Prozent auf 19,6 Prozent. Dennoch argumentierte der Regierungsrat in seiner Botschaft gegen die SP-Initiative von 1993 ausschliesslich mit dem Argument des Steuerwettbewerbs: »Mit der Annahme der Volksinitiative würde die Konkurrenzfähigkeit des Kantons im interkantonalen Verhältnis völlig preisgegeben. […] Es muss gegenteils weiterhin das Bestreben des Kantons sein, die Maximalbelastungen der juristischen Personen abzubauen und damit den Wirtschaftsstandort Zürich wieder zu stärken.«[215] Im gleichen Sinne stimmte der Kantonsrat 1996 einer weiteren Steuergesetzrevision zu, welche, als »Massnahmen, die sich auf den Wirtschaftsstandort positiv auswirken«[216], für Unternehmen Steuersenkungen in der Höhe von jährlich 80 Millionen vorsah sowie dem Regierungsrat die Möglichkeit einräumte, neugegründeten Firmen ausserordentliche Steuererleichterungen zu gewähren. In der parlamentarischen Debatte war Finanzdirektor Eric Honegger mit den entsprechenden Zahlen zur Stelle: 1995 hätten 332 Firmen den Kanton Richtung Zug und andere Nachbarkantone verlassen, und es würden noch weitere folgen, falls dem Gesetz nicht zugestimmt würde[217]. Otto Stich, der ehemalige sozialdemokratische Bundesfinanzminister bezeichnete diese Reform als »unlauteren Wettbewerb auf politischer Ebene«, denn er hielt es für absehbar, »dass damit ein Domino ausgelöst wird, von dem auch in anderen Kantonen jene profitieren, die sich ohnehin mit der Wirtschaftslage glänzend arrangiert haben«[218].

Was hat es mit diesem Steuerwettbewerb auf sich? Sébastien Guex hat in diesem Zusammenhang die steuerliche Belastung auf Unternehmen in verschiedenen Kantone berechnet. Ein Unternehmen mit einem Kapital von zwei Millionen, welches 1985 einen Gewinn von 600.000 Franken auswies (real entsprach dies 1996 einem Gewinn von 800.000 Franken), wurde zwischen 1985 und 1996 im Kanton Zürich um 16 Prozent entlastet. Im gleichen Zeitraum senkte St. Gallen seine Steuern um zehn Prozent, Aargau um 14 Prozent, Zug um 23 Prozent und Thurgau gar um 26 Prozent. Das Ausmass und die Unterschiede der Steuerbelastungen sind also tatsächlich frappant: Ein gleiches Unternehmen zahlte 1996 in Zürich 78 Prozent mehr Steuern als in Zug. Im internationalen Vergleich steht Zürich allerdings so schlecht nicht da: Wie aus einer Broschüre des Statistischen Amts des Kantons zu entnehmen ist, besitzt der Kanton »im Vergleich mit den Rivalen im benachbarten Ausland [...] das tiefste Steuerniveau sowohl für natürliche als auch für juristische Personen, also Unternehmen und andere Organisationen«[219]. 1999 lieferte eine Zürcher Firma maximal 25 Prozent ihres Reingewinns an den Fiskus ab. Ein Mailänder Unternehmen dagegen musste mit einer Steuerbelastung von bis zu 37 Prozent des Reingewinns rechnen, und in Frankfurt wurden sogar bis zu 54 Gewinnprozente abgeschöpft. Als weiteren Beweis dafür, dass der Kanton mit den Unternehmen gnädig umspringt, führten Bauer und Spycher aus, dass von 1985 bis 1991 die Unternehmensgründungen, nicht zuletzt als Folge der Steuersenkungen, um 11,7 Prozent zugenommen haben.[220]

Das Argument des Steuerwettbewerbs ist damit allerdings noch nicht von der Hand gewiesen. Schaut man sich die Entwicklungen im Bereich der Besteuerung der Einkommen im interkantonalen Vergleich an, so fällt auf, dass sich die Kantone tatsächlich in eine regelrechte Steuerdumping-Spirale begeben haben. Tabelle 1 zeigt sehr klar einige Tendenzen dieses Mechanismus.

Tabelle 1: Entwicklung der Steuerbelastung (in Prozent des Bruttoeinkommens für natürlich Personen) im Kanton Zürich und dessen Nachbarkantone in den Jahren 1985 und 1996 nach Einkommen (real)[221]:

KANTONS-HAUPT-STADT	1985	1996	1985	1996	1985	1996	1985	1996
BRUTTOEINKOMMEN IN FRANKEN								
	33.047	44.778	66.095	89.556	132.190	179.112	264.379	358.224
STEUERBELASTUNG IN PROZENTEN DES BRUTTOEINKOMMENS								
ZÜRICH	5,16	5,05	10,2	9,18	15,95	14,06	22,31	20,18
SCHWYZ	6,05	5,11	10,75	8,39	15,5	11,81	17,63	13,78
ZUG	4,15	2,77	7,29	5,63	10,27	8,54	12,38	11,2
SCHAFFH.	5,77	6,04	11,32	11,41	17,02	16,85	21,88	20,88
ST.GALLEN	6,68	6,34	11,48	11,82	17,5	17,13	21,55	21,51
AARAU	6,35	5,53	11,15	9,17	16,62	14,63	21,33	20,44
FRAUENFELD	6,17	5,4	11,41	10,53	17,55	16,12	21,4	20,74

Erstens kann festgestellt werden, dass 1996, trotz einer angespannten Finanzlage in allen Kantonen, die Steuerbelastung der beiden höheren Einkommenstranchen deutlich unter dem Mittel von 1985 liegt. In Zürich ist die Entwicklung gar besonders spektakulär. Unter dem Druck der Nachbarkantone Zug und Schwyz wurde in Zürich die höchste Einkommensklasse um 9,5 Prozent entlastet, die untersten Einkommen konnten in der gleichen Zeitspanne nur auf eine Entlastung von 2,1 Prozent bauen. Zur gleichen Zeit entlastete Schwyz die höchsten Einkommen um 21,8 Prozent. Die Tabelle zeigt auch, dass in Zürich die Steuerbelastung bei den höchsten Einkommen trotz der zahlreichen Steuergesetzrevisionen 1996 noch immer um 80 Prozent höher lag als in Zug und um 46 Prozent höher als in Schwyz. Dieser Steuerwettbewerb hat seinen Nutzen: Wie Guex aufgezeigt hat, arbeiten beispielsweise die Zuger Behörden bei der Steuergesetzgebung regelmässig mit den Zürcher Unternehmen und deren Vertretern zusammen, »mit dem Ziel, das Steuergesetz des Nachbarkantons unter Druck zu setzen«[222].

Die zwei Jahrzehnte Steuersenkungen im Namen des Steuerwettbewerbs fasste der sonst eher zurückhaltende Kommentator des *Tages-Anzeigers* 1999 mit dem lapidaren Spruch zusammen, die Steuerpolitik des Kantons hätte »viel für den Standort, wenig für's Volk«[223] gebracht. Hauptsächlich wurden die Einnahmequellen des Kanton dadurch nicht unwesentlich ausgetrocknet: Rund eine Milliarde Franken jährlich ging dem Fiskus in den letzten Jahren verloren, was rund 20 Prozent des Steuerertrages ausmacht[224]. Insgesamt verbuchte der Kanton, laut Berechnungen des *Tages-Anzeigers*, seit 1983 Mindereinnahmen von 22 Milliarden Franken, während sich das kantonale Volkseinkommen in der gleichen Zeitspanne verdoppelte[225]. Bei einer Teuerung von 15,5 Prozent zwischen 1990 und 1997 stiegen in den Kantonen die Steuererträge durchschnittlich um 18,8 Prozent, im Kanton Zürich um nur 9,9 Prozent. Dies entspricht einem realen Abbau von 5,6 Prozent[226].

FINANZPOLITIK VOR DEM HINTERGRUND LEERER STAATSKASSEN

22 Milliarden Steuerausfälle in weniger als zwei Jahrzehnten: Diese Zahlen vorausahnend, beeilte sich Eric Honegger 1992, nachdem er seit einem Jahr als Finanzdirektor im Amt war, zu beschwichtigen, »dass mehr Mittel nur die Begehrlichkeit nach mehr Ausgaben geweckt hätten«[227]. Auch Regula Pfister, die freisinnige Präsidentin der kantonsrätlichen Finanzkommission, der die harte fi-

nanzpolitische Linie den Spitznamen »Jeanne d'Arc des Sparens« eingebracht hatte, war sich darüber sicher, »was passiert wäre, wenn wir in den guten Zeiten nicht Steuerlasten abgebaut hätten: Der Staat hätte sich an ein noch höheres Einnahmenniveau gewöhnt, und die Defizite wären nun noch grösser. Die Erfahrung, die sich auch in den achtziger Jahren bestätigt hat, zeigt nämlich, dass volle Staatskassen nicht nur allseits Begehrlichkeiten wecken, sondern die Politiker auch dazu verleiten, ihnen rasch und grosszügig stattzugeben.«[228] Ihr Parteikollege in der Finanzkommission, Martin Wehrli, erklärte ebenfalls unmissverständlich, dass Politiker eben »erst mit leeren Kassen verzichten lernen«. Von nun an konnte der neokonservative Block alle jene Vorlagen ablehnen, »die mit den finanzpolitischen Realitäten nichts mehr zu tun haben«[229].

Die Politik der leeren Kassen hatte also ihren Dienst geleistet. Eric Honegger, der in den achtziger Jahren als Präsident der FDP-Kommission für die Umsetzung des Slogans »Mehr Freiheit, mehr Selbstverantwortung – weniger Staat« verantwortlich war, konnte feststellen, dass die Voraussetzungen dafür geschaffen worden waren. Er versprach, künftig auf Steuererhöhungen zu verzichten, die Steuerquote auf dem Niveau von 4,5 Prozent zu stabilisieren und die Staatsquote weiter zu senken[230].

1991, als die Serie positiver Rechnungsabschlüsse mit einem Defizit in der Höhe von 416 Millionen Franken ein abruptes Ende fand, wofür, wie der Regierungsrat offen zugab, »vor allem Steuerausfälle ausschlaggebend«[231] gewesen waren, legte Eric Honegger sein erstes Haushaltssanierungsprogramm mit dem Titel »Massnahmenplan Haushaltgleichgewicht 1992 bis 1996« vor. »Die Zeiten der noch schmerzlosen Auswirkungen laufen jetzt ab«[232], kommentierte er und liess während der Parlamentsdebatte zum »Massnahmenplan« verlauten, er habe den Eindruck, »dass wir in den guten Zeiten, in den letzten Jahren, das Sparen etwas verlernt haben, aber wir werden das Sparen wieder lernen müssen«[233]. Der Plan sah vor, den Staatshaushalt bis 1996 wieder ins Lot zu bringen. 350 Millionen Franken jährlich wollte der Finanzdirektor einsparen, davon 180 Millionen im Personalbereich.

Für die *NZZ*, wie auch für die bürgerlichen Mitglieder der Finanzkommission, liess der »Massnahmenplan« allerdings »zu wünschen übrig«, und sie verlangte einen »echten Verzicht auf einige kostspielige Gepflogenheiten«[234]. Wenig später wurde das Blatt des Zürcher Finanzplatzes noch deutlicher: Es sei nun vordringlich, »in allen staatlichen Aufgabenbereichen grundsätzlich die Frage nach der Notwendigkeit und Zweckmässigkeit gewisser Tätigkeiten und Leistungen zu stellen«[235].

Honegger antwortete mit den »Richtlinien« für den Staatsvoranschlag 1993, mit welchen der »Massnahmenplan« um weitere 360 Millionen Franken verschärft wurde: Angesichts eines drohenden Defizits von 600 Millionen Franken wurde der Teuerungsausgleich für das Staatspersonal und die kantonalen Zusatzleistungen zur Alters- und Hinterbliebenversicherung um 25 Millionen gekürzt. Im Bericht des Regierungsrates war ausserdem nachzulesen, dass künftig »neue Aufgaben mit finanziellen Folgen nur noch übernommen werden können, wenn gleichzeitig in demselben Umfang auf Leistungen verzichtet wird«[236].

Doch das Ende der Austeritätspolitik war damit noch lange nicht erreicht: Im November 1992 erklärte Regula Pfister, es sei nun endlich an der Zeit, »die Ausgabenbremsen unverzüglich und hart anzuziehen«[237]. Kurz danach legte Eric Honegger den »Haushaltsanierungsplan 96« vor, welcher weitere Sparmassnahmen von 920 Millionen bis ins Jahr 1996 vorsah, ungefähr zehn Prozent des gesamten Kantonshaushalts. Unter den 96 Massnahmen befanden sich insbesondere ein weiterer Abbau der Leistungen an das Personal in der Höhe von 120 Millionen jährlich und die Streichung von 500 Stellen. Der Finanzdirektor gab zugleich den einzelnen Direktionen den Auftrag, gezielte Einsparungen vorzunehmen, wobei das Bildungs- und das Gesundheitswesen mit Einschnitten von je 100 Millionen Franken am stärksten betroffen waren. Gekoppelt mit den Stellenstreichungen summierte sich damit ihr Beitrag am »Haushaltsanierungsplan« auf rund 60 Prozent.

Um den Budgetkürzungen auch die nötige Zustimmung moderater Kräfte zuzusichern, wurde im Parlament zusammen mit dem »Haushaltssanierungsplan« eine unwesentliche Erhöhung des Steuerfusses um drei Prozent beantragt, was dem Kanton Mehreinnahmen von rund 90 Millionen jährlich hätte bescheren sollen. Für die *NZZ* war Honeggers Rücknahme seines Versprechens, auf Steuererhöhungen verzichten zu wollen, Ausdruck davon, dass »hinter den Kulissen hart um Kompromisse gerungen wird«[238]. Dagegen liefen die Neokonservativen Sturm: Im Sommer 1993 legte die FDP eine Petition mit 24.000 Unterschriften vor, die dem Regierungsrat Steuererhöhungen verbieten wollte. Regula Pfister empörte sich darüber, dass mit einer Steuererhöhung »der Druck, der sich in den letzten Monaten und Jahren als Folge der leeren Kassen allmählich aufgebaut hat, [...] mit einem Federstrich weitgehend zunichte gemacht«[239] werden sollte. Andreas Honegger, als FDP-Kantonsrat und Chef des Zürcher Ressorts der *NZZ* einer der herausragenden Figuren der finanzpolitischen Gegenreform, verurteilte seinerseits die fatale Signalwirkung einer Steuerfusserhöhung: »eine negative für die Wirtschaft, eine positive für die an der Strukturerhaltung interessierten Sozialpartner zur Linken und eine entmutigende für die, die sich wirklich die Mühe machen, mit Sparen und dem Abbau nicht wirklich zwingend nötiger Staatsaufgaben den Haushalt längerfristig wieder ins Lot zu bringen. Die Krise des Staatshaushaltes ist letztlich die einzige sich bietende Gelegenheit, gegen dessen ansonsten unaufhaltsame Aufblähung vorzugehen.«[240] Mit der Ablehnung der Steuerfusserhöhung durch den Kantonsrat beschleunigte sich die finanzpolitische Gegenreform erheblich, und Pfister stellte in Aussicht, die rechten Parteien würden nun »einen Zakken zulegen«[241].

Im September 1994 stellte Eric Honegger sein *chef-d'œuvre* vor: Das Austeritätsprogramm EFFORT, mit welchem der Kantonshaushalt über den Abbau und Verzicht auf staatliche Dienstleistungen um weitere 480 Millionen Franken beschnitten werden sollte. Die Liste der üblichen Sparopfer verlängerte sich diesmal um die Abschaffung des Kassationsgerichts, die Teilprivatisierungen der Kantonalbank und des Amtes für Informatikdienste sowie die Einführung von Strafgebühren für Langzeitstudierende ab dem 16. Semester. Mit Ausnahme des Sicherheits- und Drogenbereichs galt von nun an ausserdem ein umfassender Personalzuwachsstopp. Die *NZZ* registrierte EFFORT mit Befriedigung: »Wer gemeint hat, dass nun doch langsam die Grenze der Sparpolitik erreicht sei, muss zur Kenntnis nehmen, dass diese jetzt erst richtig beginnen muss.«[242]

Tatsächlich ging es in der Folge Schlag auf Schlag: Bereits im Dezember 1994 präsentierte Eric Honegger das EFFORT-Folgeprogramm, mit welchem er noch einmal besonders bei der Bildungs- und der Gesundheitsdirektion ansetzte und weitere 48 Millionen strich. Und siehe da: Die Staatsrechnung 1994 präsentierte sich erstmals wieder mit einem beinahe positiven Saldo. 91 Millionen

Franken Defizit blieben noch übrig, nicht einmal ein Prozent des gesamten Staatshaushaltes. Unbeirrt legte die Zürcher Regierung im Herbst 1995 ein neues Austeritätsprogramm vor, das EFFORT-Folgeprogramm II, denn durch den unerwartet guten Rechnungsabschluss bestand die Gefahr, »dass die Bemühungen um einen ausgeglichenen Staatshaushalt erlahmen könnten«[243]. Weitere 416 Millionen Franken sollten damit eingespart werden, und erneut wurde das Personal zur Kasse gebeten: Neben der Begrenzung des Wachstums der Lohnsumme auf ein Prozent pro Jahr, sollten bis ins Jahr 2000 1.600 Stellen gestrichen werden. Rund drei Viertel davon sollten in den Spitälern abgebaut werden, womit das Gesundheitswesen, in dem ausserdem 450 Spitalbetten gestrichen und ganze Spitäler geschlossen werden sollten, wiederum den grössten Sparbeitrag zu leisten hatte. Doch damit war noch nicht genug der Budgetkürzungen: In der Budgetdebatte des Jahres 1996 verfügte der Kantonsrat eine dreiprozentige Lohnkürzung für das gesamte Staatspersonal. Und um »den bestehenden Spardruck [aufrechtzuerhalten] und dadurch die Chancen [zu verbessern], die beabsichtigten Sparmassnahmen wie geplant umzusetzen«[244], wurden die kantonalen Ausgaben auf 9,8 Milliarden Franken plafoniert. Diese Budgetdebatte, bei der ausserdem rund 300 Millionen Franken bei der Drogenprävention, der Sozialberichterstattung oder der schulischen Infrastruktur zusammengestrichen wurden, hinterliess sogar beim *Tages-Anzeiger* den Eindruck von »Rücksichtslosigkeit und sozialer Kälte«[245].

Mit dem EFFORT-Folgeprogramm III vom Frühling 1997, welches den Personalbestand um weitere 600 Stellen kürzte und insgesamt 300 Millionen Franken einsparte, sank der Aufwand zum ersten Mal in der jüngeren Geschichte des Kantons gegenüber dem Vorjahr. 1999 konnte der SVP-Minister Christian Huber, der die Nachfolge von Eric Honegger in der Finanzdirektion angetreten war, nachdem er die Politik in Richtung Verwaltungsrat der Swissair-Gruppe verlassen hatte, gar erstmals seit 1991 eine Staatsrechnung mit einem Überschuss präsentieren. Dieser Überschuss wurde umgehend dazu benutzt, den Steuerfuss um weitere drei Prozent auf 105 Prozent zu senken, womit die nächste Runde der Politik der leeren Kassen eingeläutet wurde.

Versucht man eine finanzpolitische Bilanz des letzten Jahrzehnts im Kanton Zürich zu ziehen, so lässt sich rein rechnerisch ermitteln, dass vom »Massnahmenplan Haushaltgleichgewicht« von 1991 bis zum letzten EFFORT-Folgeprogramm der Kanton seine Ausgaben in einer Höhe von rund anderthalb Milliarden Franken gekürzt hat[246]. Damit wuchsen die Ausgaben des Kantons Zürich real zwischen 1983 und 1998 um lediglich 45 Prozent an, deutlich schwächer als in den übrigen Kantonen[247]. Diese verzeichneten durchschnittliche Wachstumsraten von 65 Prozent. Somit blieb das Wachstum der Ausgaben im Kanton Zürich trotz der schwersten wirtschaftlichen Rezession seit den dreissiger Jahren und den dadurch erzwungenen höheren Sozialbeiträgen (Fürsorge, Arbeitslosenunterstützung usw.) in den neunziger Jahren sehr bescheiden. Dies ist Ausdruck der extremen Härte, mit welcher die finanzpolitische Gegenreform durchgezogen wurde. Wie der *Tages-Anzeiger* zurecht bemerkte, dürfte »ein ähnlich strenges Sparregime […] wohl kaum irgendwo in der Schweiz geherrscht haben«[248].

Bei einer detaillierteren Analyse der Staatsrechnungen wird der eigentliche Effekt der Austeritätspolitik ersichtlich: die Verschiebung der haushaltspolitischen Prioritäten. 1997 fielen 22,4 Prozent des Aufwands auf den Bildungsbereich, 16,5 Prozent auf den Bereich der Finanzen,

14,7 Prozent auf das Gesundheitswesen, 11,1 Prozent der kantonalen Ausgaben wurden für die soziale Wohlfahrt aufgewendet. Der Rest verteilte sich auf die öffentliche Sicherheit (9,1 Prozent), die Allgemeine Verwaltung (8,9 Prozent) und die übrigen Ausgabenblöcke (Verkehr, Umwelt und Raumordnung, Volkswirtschaft und Kultur). Schaut man die entsprechenden Zahlen von 1985 an, so entfielen damals rund 24,8 Prozent der Ausgaben auf die Bildung und 17,1 auf die Gesundheit, während für die soziale Wohlfahrt 10,2 Prozent der Ausgaben verwendet wurden. Für Finanzen wurden damals lediglich 6,4 Prozent der öffentlichen Mittel ausgegeben.

Tabelle 2: Ausgabenentwicklung im Kanton Zürich nach Sektoren (in Prozenten der Gesamtausgaben)[249]:

	Bildung	Finanzen	Gesundheit	Soziale Wohlfahrt	Übrige
1985	24,8	6,4	17,1	10,2	41.5
1990	27,9	6,1	16,6	8,4	41
1995	23,6	16,4	14,8	9,6	35.6
1996	22,5	15,3	14,8	11,5	35.9
1997	22,4	16,4	14,7	11,1	35.4

Was lässt sich daraus schliessen[250]? Der Anteil an Staatsausgaben, welche für Finanzen ausgegeben wurden, verdreifachte sich nahezu zwischen 1985 und 1997. Dies ist insbesondere auf den zu leistenden Schuldendienst zurückzuführen, den der Kanton zu begleichen hatte, da er aufgrund der Politik der leeren Kassen auf den Kapitalmarkt auszuweichen hatte. Wie bereits erwähnt wurde, sind die hauptsächlichen Nutzniesser dieser Ausgaben die Gläubiger: Banken, Versicherungen und private Anleger, welche über das entsprechende Kapital verfügen. Diese

Rechnung hatte vor allem der Bildungs- und der Gesundheitssektor zu bezahlen. Der Anteil an Staatsausgaben, der auf diese beiden Bereiche entfiel, verminderte sich um neun bzw. 14 Prozent. Verglichen mit 1990 ist diese Entwicklung gar noch augenscheinlicher: Um ganze 19 Prozent nahm der Anteil der Bildungsausgaben an der kantonalen Rechnung ab, während der Anteil an den Gesundheitsausgaben um elf Prozent abnahm.

Aus der Sicht der Neokonservativen zog auch Andreas Honegger 1999 und 2000 in drei *NZZ*-Leitartikeln seine Bilanz[251]. Er stellte fest, dass »die bürgerlich dominierte Regierung [...] ihre wesentlichen Ziele alle erreicht [hat]. Das rasante Anwachsen der Ausgaben konnte gestoppt werden, das inflationäre Aufblähen der Staatsaufgaben wurde gebremst.« In diesem Sinn waren »die Jahre der Rezession, die hinter uns liegen, [...] finanziell harte, finanzpolitisch aber sehr gute Jahre. [...] Dank der wirtschaflichen Krise, dank der von der Linken angeprangerten ›Politik der leeren Kassen‹ gelang es, die schwindelerregende Akzeleration des Ausgabenwachstums wieder in den Griff zu bekommen.« Bedauerlich fand er eigentlich nur den »enormen moralischen Druck von Kohorten von Medienschaffenden, die anhand von ergreifenden Einzelschicksalen weit mehr über unsere Tränendrüsen denn über unsere Vernunft Einfluss zu nehmen versuchten«.

Anstatt der »Tränendrüsen« also ein paar letzte Zahlen zum Abschluss dieser finanzpolitischen Auslegeordnung: Die Hauptleidtragenden der finanzpolitischen Gegenreform waren ohne Zweifel die rund 40.000 staatlichen Angestellten, von denen die Hälfte in Spitälern oder Schulen arbeiten und weniger als 80.000 Franken jährlich verdienen. Durch die verschiedenen Lohnbeschlüsse von 1991 bis 1996 kumulierten sich die Einsparungen auf Kosten des Personals auf 1,6 Milliarden Franken[252]: Von 1990 bis

1998 nahm der gesamte Personalaufwand (Löhne und Sozialversicherungsbeiträge) real um vier Prozent ab; in der gleichen Zeitspanne gaben die anderen Kantone im Schnitt vier Prozent mehr für ihr Personal aus[253].

Tabelle 3: Kaufkraftverlust der Staatsangestellten des Kantons Zürich 1992-1996[254]:

		Gewährter Teuerungsausgleich bei einem Lohn bis		
	Teuerung	40.000 Fr.	75.000 Fr.	100.000 Fr.
1992	5,9	5,3	5,3	5,3
1993	4	3,5	1,9	0
1994	3,3	0	0	0
1995	0,9	1	1	1
1996	1,9	1	1	1
Total	16	10,8	9,3	7,3
Reallohnverlust in %		5,2	6,8	8,7
Reallohnverlust in Fr.		2.080 Fr.	5.100 Fr.	8.700 Fr.

Wie aus Tabelle 3 ersichtlich ist, büssten die kantonalen Beamten somit 5,1 bis 8,7 Prozent ihrer Kaufkraft ein. Besonders drastisch zeigt sich diese Entwicklung im Bildungsbereich: Die gesamte Lohnmasse (ohne Sozialversicherungen) für Lehrerinnen und Lehrer nahm bei einem Personalzuwachs von fünf Prozent von 1992 bis 1999 um real 23 Prozent ab[255].

FINANZPOLITIK ZWISCHEN BESCHLEUNIGUNGS- UND LEGITIMERUNGSDRUCK

So eindrücklich die finanzpolitische Bilanz dieser zehnjährigen Gegenreform ist, so lässt sich dennoch nicht verschweigen, dass sie weniger reibungslos durchgeführt werden konnte, als dies auf den ersten Blick erscheinen mag. Die vom so genannten Konkordanzsystem (Allparteienregierung) in der Regierungspolitik herrührenden Zwänge auf der einen Seite, welche, wie gezeigt wurde, das Tempo der Gegenreform aus der Sicht der Neokonservativen unnötig verzögerten, sowie immer lauter werdende Proteste von Seiten der Linksparteien und der Gewerkschaften gegen die harte Austeritätspolitik auf der anderen, setzten die Regierung immer wieder unter Rechtfertigungsdruck. Wie die *NZZ* diesbezüglich in einem sinnigen Wortspiel festhielt, war in den neunziger Jahren »mit Sparen als zentralem Thema politischen Gestaltens […] auf die Dauer kein Staat zu machen – nicht einmal bei der Wählerschaft«[256].

NPM, welches mit der Wahl des Professors Ernst Buschors in den Regierungsrat 1993 grosse Publizität erhielt, schien die Quadratur des Kreises zu ermöglichen: Durch die Einführung betriebswirtschaftlicher Führungselemente konnten die langwierigen Konsensfindungsprozesse merklich umgangen werden. Und dank der rhetorischen Neuausrichtung der Finanzpolitik auf den kaum zu bestreitenden Reformbedarf in der öffentlichen Verwaltung, boten auch die Gewerkschaften und die Sozialdemokraten Hand zur Gegenreform. NPM schien den inhaltlichen Zusammenhang zu ermöglichen, in den Eric Honegger seit 1994 die einzelnen Sparübungen einzubetten erhoffte: »Der grosse, vorausschauende Wurf zur Haushaltssanierung.«[257] Damit klingt an, dass mit Hilfe von NPM die Serie konzeptloser Budgetkürzungen durch eine Strategie »intelligenten Sparens« ersetzt werden sollte: Die Gegenreform, als neokonservative gesellschaftspolitische Gesamtkonzeption, sollte erst jetzt richtig beginnen.

Das Urteil, welches Regula Pfister 1994 über das Tempo der Gegenreform fällte, war vernichtend: Die Politiker hätten »auf allen Ebenen versagt«[258]. Zielscheibe waren auf der einen Seite ihre Ratskolleginnen und -kollegen, von denen sich nicht nur die Abgeordneten linker Parteien gegen die Regierung zur Wehr setzten, sondern auch ihre bürgerlichen Mitstreiterinnen und –mitstreiter, mit Hilfe derer die Linke die Sparpläne Honeggers immer wieder verwässern konnte. Insbesondere die Budgetdebatte 1993 hatte erneut unter Beweis gestellt, dass »Politikerinnen und Politiker […] zum Sparen völlig ungeeignet [sind]«[259]. In der Tat war es der SP mit Hilfe der SVP gelungen, gewisse Subventionskürzungen für Bergbauern aus dem »Massnahmenplan« zu kippen. Aber auch die Koalitionsregierung, in der trotz einer komfortablen bürgerlichen Mehrheit zwei Sozialdemokraten sassen, war ihr ein Dorn im Auge, und sie machte sie dafür verantwortlich, dass den Sanierungsplänen die nötige Härte fehlte. Pfister war mit ihrer Kritik bei weitem nicht allein. Bereits zwei Jahre vorher hatte Robert Straub, Buschors Nachfolger an der Spitze der Finanzverwaltung, »Sonderinteressen, übertriebene Kompromissbereitschaft in unserer Konkordanzdemokratie sowie der ängstliche Blick auf die Interessen besonderer Wählerkreise«[260] bemängelt und mehr Macht für den Finanzdirektor bei der Durchsetzung der Austeritätsprogramme verlangt.

Eric Honegger, der seinerseits offen deklarierte, dass er mit dem Parlament »schlechte Erfahrungen gemacht«[261] hatte, fühlte sich durch diese Kritiken aufgefordert, nach einem Weg zu suchen, um den Kantonsrat nur dann in finanzpolitische Entscheidungen einzubeziehen, wenn dies wirklich unumgänglich war. Er verlangte angesichts der »inkonsequenten Spar- und Haushaltspolitik des Parlaments« institutionelle Reformen, »die der Exekutive bei der Umsetzung von parlamentarischen Vorgaben mehr Entscheidungsgewalt zumessen«[262]. Zu diesem Zweck unterbreitete er dem Parlament eine so genannte Ausgabenbremse: Dem Kantonsrat wurde die Möglichkeit eingeräumt, Ausgabenverpflichtungen aus Volksabstimmungen oder eigenen Beschlüssen während zweier Jahre auszusetzen, falls die Staatsrechnung in zwei aufeinanderfolgenden Jahren mit einem Defizit abschliessen sollte. Diese Verfügungsmacht würde dem Regierungsrat zufallen, wenn die Rechnung dreimal nacheinander im Minus war – genau dies war seit 1994 der Fall. Das Parlament liess sich aber nicht auf diese wenig taktvolle Weise entmachten und lehnte die Vorlage ab. Selbst der *NZZ* ging diese Massnahme zu weit, und sie kommentierte später, die Ausgabenbremse verstosse »in bedenklicher Weise gegen demokratische Grundsätze und Prinzipien der Rechtsstaatlichkeit«[263].

Honeggers Bemühungen richteten sich in der Folge gegen die Koalitionsregierung: Um in Krisenzeiten Finanzpolitik zu betreiben, so die Argumentation, brauche es eine starke Regierung. »Im Kanton Zürich wird diese Aufgabe immer mehr durch Konkordanzzwänge behindert. […] Gemeint ist die Art und Weise, wie die Politiker bei ihren Entscheiden auf das ›Ankommen‹ in Form von Wählerstimmen schielen und im Aushandlungsprozess die Mittel und Vorteile so zu verteilen suchen, dass vor allem ihre eigene Klientele davon profitiert.« Auf der Ebene der konkreten Regierungspolitik erweise sich die Zusammenarbeit bürgerlicher und sozialdemokratischer Kräfte als immer schwieriger, denn »der noch in den achtziger Jahren gerne zitierte ›sozialdemokratische Konsensus‹ […] hat sich als Irrtum erwiesen«[264]. Um diesen Irrtum rückgängig zu machen, machte Honegger Druck, damit spätestens nach den Wahlen von 1995 die Sozialdemokraten aus der Regierung entfernt würden. Die bürgerlichen Parteipräsidenten liessen sich jedoch nicht zu diesem Schritt bewegen, priesen die Notwendigkeit des blockübergreifenden Konsenses, um den kommenden finanzpolitischen Attacken den nötigen breiten Rückhalt zu verleihen, und präsentierten für die siebenköpfige Regierung nur fünf Kandidaten. Auch der neuen Regierung gehörten somit zwei Linke an: ein Sozialdemokrat und eine Grüne.

Honegger, stellvertretend für die harte neokonservative Linie, hatte somit mehrere Schläge einzustecken, was das Tempo der Gegenreform anging. Parallel geriet er auch gegenüber den linken Parteien und Gewerkschaften unter Rechtfertigungszwang, denn diese schienen langsam zu begreifen, in welche Richtung der Austeritätszug fuhr. So erkannte 1992 der Sekretär des Verbandes des Personals öffentlicher Dienste (VPOD), Hans-Jakob Mosimann, wo die »finanzpolitischen Raubritter« zu sparen gedachten: »Nicht etwa beim Strassenbau, sondern bei Gesundheit und Erziehung. Und beim Personal.«[265] Mit Eric Honegger an der Spitze der Finanzdirektion war die Sozialpartnerschaft mit den Gewerkschaften auf dem absoluten Gefrierpunkt angekommen. 1992 und 1993 kam es zu mehreren Demonstrationen des Staatspersonals gegen die Austeritätsprogramme, und die Angestellten drohten erstmals mit Streik.

In dieser Situation des drohenden sozialen Konflikts bei andauerndem Druck, die Gegenreform zu beschleunigen, wurde 1992 durch Regula Pfister die Idee einer Verwaltungsreform neu ins Spiel gebracht. Die Präsidentin der Finanzkommission meinte beschwichtigend, dass in »einem Gebilde von der Grösse des kantonalen Finanzhaushalts […] mit Sicherheit ein beträchtliches unausgeschöpftes Effizienzpotential«[266] schlummere. Bevor ein Leistungsabbau als einziges Mittel ins Auge gefasst werde, solle also jeder einzelne Regierungsrat seine Direktion kritisch darauf hin abklopfen, die gleiche Leistung mit weniger Kosten zu erbringen. Mit Blick auf die Ziele der Gegenreform machte sie jedoch zugleich klar, worin der Nutzen einer solchen Reform liegen konnte: »Um den Finanzhaushalt des Kantons vor der Jahrtausendwende noch ins Gleichgewicht zu bringen, braucht es [...] eine Verwaltungsreform, gepaart mit einer Redimensionierung des Staatsapparates, die mit eisernem Willen durchgesetzt wird.«[267] Eric Honegger erblickte rasch die Vorteile einer Verwaltungsreform: Sie sollte erlauben, die Staatsquote zu senken und gleichzeitig weiszumachen, dass das Leistungsniveau durch wissenschaftlich abgestützte Rationalisierungsmassnahmen unangetastet blieb. Anders ausgedrückt: Eine Verwaltungsreform, wie sie der St. Galler Professor Ernst Buschor in seinem Lastenausgleichsmodell 1992 präsentiert hatte, und die versprach, mit weniger Geld »wirksamere« Leistungen zu erbringen, habe »nicht primär finanzpolitische Hintergründe«[268]. Aber Honegger war überzeugt, dass sie auch finanzpolitisch etwas bringen würde. So deklarierte er Anfang 1994: »Die Zeit für eine grundlegende Verwaltungsreform ist reif!«[269] Es war Zeit, die Reformelite auf den Plan zu rufen.

DER AUFTRITT DER REFORMELITE

Im Herbst 1992 kündigte die CVP des Kantons Zürich die Kandidatur des Verwaltungs- und Finanzexperten Ernst Buschor für die Regierungsratsersatzwahl im Frühling 1993 an. An seiner ersten öffentlichen Wahlkampfveranstaltung anlässlich der Herbsttagung der FDP der Kantons Zürich, welche Vreni Spoerry, mittlerweile Vizepräsidentin der Zürcher Handelskammer, laut *NZZ* unter dem Motto der »gesunden Beschränkung der Mittel durch das Prinzip der ›leeren Kassen‹«[270] laufen liess, stellte Buschor seine »Thesen zur Finanzpolitik« vor: Die »Finanzprobleme [seien] zu einem erheblichen Teil allgemeine Steuerungsprobleme des öffentlichen Sektors«, führte er aus, welche mit »neuen Steuerungsformen der öffentlichen Aufgabenerfüllung« behoben werden können. Dazu bedürfe es des Aufbaus von Kosten-Leistungs-Rechnungen und Verwaltungsinformationssystemen. »Ohne derartige Ansätze zur Reform des öffentlichen Managements sind Wirksamkeitssteigerungen und die Stabilisierung der Staatsquote kaum realisierbar.«[271] Buschors Kandidatur wurde in bürgerlichen Kreisen mit Genugtuung aufgenommen: Theo Quinter, ein führender Zürcher FDP-Finanzexperte, bezeichnete Buschor als einen »Glücksfall in der zurzeit zerfahrenen Situation bei den Finanzen«[272]. Aber auch die SP erhoffte sich von dem weltweit anerkannten Wissenschafter, der an einer ihrer Wahlveranstaltungen sein ganzes symbolisches Kapital in die Waagschale geworfen hatte, einen »vertieften, entideologisierten Dialog«[273].

Nach seiner Wahl trat Buschor im Februar 1994 mit den »Organisationsmodellen für ein wirksameres Gesundheitswesen« vor die Öffentlichkeit und versprach, dank den Grundsätzen des NPM die Kosten des Gesundheitswesens einzudämmen, ohne die medizinischen Grundbedürfnisse der Bevölkerung beschneiden zu müssen, und einen »dauerhaften, systematischen Kostensenkungs- und Effizienzdruck im Dienste des Haushaltsausgleichs [zu] erzeugen«[274]. Nebenbei sollte damit auch die Steuerungsfähigkeit der staatlichen Tätigkeit erhöht, die Bürgernähe verbessert und den Angestellten mehr Kompetenzen gewährt werden – »geradezu revolutionär wirkende Denkanstösse«, jubilierte die NZZ, »die das professionelle Niveau ihres akademischen Autors in keiner Weise verleugnen«[275]. Buschor selbst meinte zu seinem Einstand in die Politik, die Reform des Gesundheitswesens sei nur ein Pilotprojekt: »Wird es ein Erfolg, ist der Rest eine Frage der Zeit. [...] Vielleicht ist es für einen Durchbruch des neuen Verwaltungsmanagements entscheidend, was hier im Zürcher Gesundheitswesen passiert.«[276]

Der Rest liess nicht lange auf sich warten: Eine regelrechte NPM-Reformwelle brach über das Land und schien für alle gesellschaftlich und politisch relevanten Kräfte etwas bereitzustellen. Die Neokonservativen, so beispielsweise Regula Pfister, erwarteten von den modernen verwaltungswissenschaftlichen Methoden, endlich über die geeigneten Kalkulationsgrundlagen und Kostenrechnungen zu verfügen, mit denen »wieder einmal von Grund auf überlegt [werden könne], was eine Aufgabe wirklich kostet«[277]. Auch der CVP erschienen die »Innovationen der Betriebswirtschaft und die Erkenntnisse der Verwaltungswissenschaft«, mit welchen der Preis für staatliche Leistungen ermittelt werden konnte, als geeignetes Mittel, »das Anspruchsdenken an den Staat zu begrenzen«[278].

Aber nicht nur die Neokonservativen nahmen die NPM-Botschaft mit Freuden auf: Die Linke und die Gewerkschaften, die zuvor die Austeritätspolitik und »Privatisierungswut« gegeisselt hatten, hielten sich mit erwartungsvollem Lob nicht zurück. Mit NPM, so Hans-Jakob Mosimann, sei die Hoffnung verbunden, »dass es [sich weder um] eine Spielart ordoliberaler Privatisierungsaxiome, [noch] um falsch etikettierte simple Haushaltssanierungsbemühungen«[279] handle. Für den VPOD bedeuteten die Reformen »die wirkungsvollste Antwort auf Spardruck, Privatisierungsbestrebungen, Deregulierung und Angriffe auf das öffentliche Personal«[280], und die SP-

Frauen begrüssten ihrerseits die Delegation von Kompetenzen nach unten und den Ausbau von Arbeitsteilung und Mitbestimmung als »die richtigen Instrumente zur Humanisierung der Arbeitsplätze«[281]. Die sozialdemokratische Regierungsratskandidatin Dorothee Jaun hielt es gar für »möglich und nötig, Instrumente der Privatwirtschaft heranzuziehen, und Sparanreize für die Verwaltung zu schaffen. Denn die Sparmöglichkeiten der öffentlichen Hand sind beträchtlich, ohne dass Sozialabbau betrieben werden muss«[282]. Für ihren Parteikollegen Maurice Pedergnana war NPM schlicht »eine Philosophie des gesunden Menschenverstandes«[283], und er machte sich gleich daran, eine »Stiftung zur Förderung der Managementkompetenz der öffentlichen Verwaltung« zu gründen. Mehr noch: Mit NPM bot sich endlich die Möglichkeit für die Linke, aus der Defensive herauszukommen, und »statt immer nur defensiv auf Privatisierungspläne der Weniger-Staat-Ideologen zu reagieren, […] mit aufgeschlossenen Exekutivmitgliedern eine ›Koalition der Modernen‹ einzugehen«[284].

Ohne auf die Frage einzugehen, wer denn modern und wer konservativ ist, konnte sich der Schweizerische Gewerbeverband zurecht befriedigt zeigen, dass NPM »keine Abwehrreaktion mehr hervorruft, wie dies noch während der glorreichen Jahre des »Weniger Staat« der Fall gewesen war«[285]. Diesen Elan nutzte der FDP-Kantonsrat Andreas Honegger 1995 aus, um nach den Regierungsratswahlen die »Legislaturperiode der Reformen«[286] auszurufen, und Regula Pfister zeigte sich hoch erfreut, dass die Politik der leeren Kassen endlich ihren »Zwillingsbruder« NPM gefunden hatte: »Nicht nur der finanzielle Druck auf die neugewählte Regierung, sondern auch die Tatsache, dass mit Eric Honegger und Ernst Buschor ein Tandem in der Regierung vertreten ist, das nicht nur Bestehendes verteidigt und an Überkommenem festhält, gibt Anlass zur Hoffnung, dass in den kommenden vier Jahren Verwaltungs- und Finanzreformen eingeleitet und auch umgesetzt werden, die diesen Namen verdienen.«[287]

Nachdem Buschor 1995 die Gesundheitsdirektion verliess, um den grössten Ausgabeblock des Staatshaushaltes, die Bildungsdirektion, in Angriff zu nehmen, wurde die NPM-Reform auf die gesamte Verwaltung ausgeweitet. Im Protokoll der Regierungsratssitzung von Juli 1995[288], an welcher die »Wirkungsorientierte Führung der Verwaltung im Kanton Zürich« (wif!) beschlossen wurde, war indessen weit weniger von Bürgernähe und »modernen« Arbeitsverhältnissen die Rede, als vielmehr von Kostensenkung und Privatisierung. Das Projekt wif!, so das Protokoll, sollte »einen wesentlichen Beitrag zum Haushaltsausgleich leisten«. Nebst den Aspekten der Rationalisierung (Prozessumstrukturierung, bessere Vernetzung usw.), werde mit wif! eine »Leistungskonzentration sowie der Abbau von Nebenleistungen (Leistungen, welche für die Erfüllung der Kernleistung nicht zwingend notwendig sind)« angestrebt. In begründeten Fällen sei die Trägerschaftsform zu ändern, d.h. zu privatisieren. »Können die Ausgleichsziele dennoch nicht erreicht werden, sind auch Kernleistungen zu überprüfen und in vertretbaren Fällen zu reduzieren oder abzubauen. [...] Der Staat soll sich auf die Festlegung der Grundleistungen beschränken, dem Markt die Differenzierung des Leistungsangebotes überlassen.« Die NPM-Reform, so die unzweideutige Aussage, wurde also als Programm zum radikalen Ab- und Umbau von staatlichen Dienstleistungen lanciert. Um diesem Quantensprung im Tempo der Gegenreform die nötige »wissenschaftliche« Untermauerung zu geben, wurde deren Umsetzung einer Arbeitsgruppe übertragen, welche aus »Mitgliedern aus Wirtschaft und Wissenschaft« zusammengesetzt war: Die Stunde der Reformelite war damit gekommen.

Diese an der Präsentation von wif! vorgetragen Ausführungen zu NPM veranlassten den *Tages-Anzeiger* zur Frage, ob es sich dabei »um eine wirkliche Reform oder bloss um eine andersgeartete Sparübung handelt. Die Regierung betont das erstere. […] Es ist zu vermuten, dass nicht einmal sie selber mehr beides auseinanderzuhalten weiss.«[289] Es ist viel eher zu vermuten, dass der Regierungsrat, allen voran Eric Honegger und Ernst Buschor, sehr wohl wussten, was sie taten. Um einem frühzeitigen Erwachen der linken NPM-Befürworterinnen und -Befürwortern zuvorzukommen, konzipierten sie mit Hilfe von Marketingexperten den »Masterplan wif!-Kommunikation«, der alle »Kommunikationsaktivitäten« der kantonalen Verwaltung kontrollieren sollte, »die auf der strategischen Ebene das Image von wif! definieren oder sich auf den Erfolg der Projektumsetzung auswirken können«[290]. Durch eine »straffe Informationsführung durch den Regierungsrat« sollte insbesondere jenen »möglichen Störfaktoren im Meinungsmarkt« vorgebeugt werden, die zu Verwechslungen zwischen wif! und den Austeritätsmassnahmen führen konnten. Mittels gezielten Artikeln in der Presse, ausgewählten Interviews mit Journalisten und geplanten Veranstaltungen wurde die Verwaltungsreform von nun an »primär als Massnahmenbündel zur Verbesserung der Leistungsqualität der Verwaltung und zur Erweiterung der Handlungsspielräume der Mitarbeiterinnen und Mitarbeiter der Verwaltung« der Öffentlichkeit näher gebracht: eine Reform, die sich »an den Bedürfnissen der Bevölkerung und der Gemeinden des Kantons« orientiert.

In einer grotesk anmutenden, über die zweite Hälfte der neunziger Jahre hinwegdauernden Debatte, wurde denn auch über lang und breit darüber sinniert, »wo das

Sparen aufhört und die Reform anfängt«[291]; der VPOD verlangte unbeirrt eine »Trennung von Spar- und Reformprogrammen«[292]. Erste Elemente von NPM flossen indessen bereits in das EFFORT-Austeritätsprogramm ein: Durch die Einführung von Kosten-Leistungs-Vergleichen und *Benchmarking*, welche durch die ehemaligen Assistenten Buschors am Institut für Finanzwissenschaft und Finanzrecht der HSG ausgearbeitet worden waren, sollte eruiert werden, in welchen Bereichen am ehesten Einsparungen möglich waren[293]. Sämtliche EFFORT-Folgeprogramme bedienten sich in der Folge des betriebswirtschaftlichen Instrumentariums, und es wurde rasch deutlich, was es mit Schlagworten wie *Controlling* und Leistungsüberprüfung auf sich hatte: Der konzentrierte Ab- und Umbau staatlicher Dienstleistungen konnte nun wie in einem Konzern auf der Direktionsebene zentralisiert werden und sich darüber hinaus auf »wissenschaftliche« Kriterien abstützen. Eric Honegger sah damit sein Ziel erreicht, den »Konkordanzzwang« in der Regierung zu umgehen, denn die betriebswirtschaftliche Kontrolle erlaubte der Regierung nicht nur, wirkungsvoller mit Lenkungsinstrumenten zu führen, sondern der Regierungsrat würde auch, »je mehr er strategische Vorgaben macht, je weniger Kompromisse vorschlagen können und wollen. [...] Mit Hilfe der neuen Steuerungsinstrumente kann auch verhindert werden, dass einer Direktion ein bestimmter parteipolitischer Stempel aufgedrückt wird, der nicht in die Strategie des gesamten Regierungsrates passt.«[294] Ernst Buschor rief in diesem Zusammenhang aus, dass es nun möglich geworden war, »Dinge [zu] tun, die wir bisher nicht getan haben, und Barrieren [zu] übersteigen, die wir bisher nicht überstiegen haben«[295].

Gleichwohl hielt Buschor an der offiziellen Erklärung fest, wonach die »Sparmassnahmen [...] nichts mit den

Reformen zu tun haben«[296]. Und im »Gesetz über die Rahmenbestimmung für die Verwaltungsreform«, welchem im Dezember 1996 über 80 Prozent der Bevölkerung zustimmte, war nachzulesen, dass wenn auch »Schnittstellen zwischen den Haushaltsanierungsmassnahmen und der Verwaltungsreform« bestünden, wif! in erster Linie auf die »Anpassung der Strukturen der gesamten Verwaltung an die Anforderungen, welche an ein modernes Staatswesen gestellt sind«[297] ziele. Die wissenschaftliche Weihe, welche wif! im Jahre 1998 durch die Verleihung des »Qualitätspreises für innovative Verwaltung« der Speyerer Hochschule für Verwaltungswissenschaft erfuhr, diente dazu, die letzten Zweifel zu zerstreuen. Der FDP-Fraktionspräsident Balz Hösly referierte an der Pressekonferenz, dass der Verwaltungsreform »damit aus parteipolitisch unverdächtiger und sicherlich objektiver Warte ein Qualitätssiegel verliehen«[298] worden war. Er hütete sich indessen zu erwähnen, dass Ernst Buschor selbst jahrelang in der Jury sass und für die Verleihung des Preises seinen Platz zugunsten seines Nachfolgers an der HSG, Kuno Schedler, freigemacht hatte.

Zwischen 1995 und 1998 wurden über 40 wif!-Projekte lanciert und teilweise umgesetzt, darunter in ihrer finanzpolitischen Tragweite so unterschiedliche Massnahmen wie ein neues Finanzierungskonzept für Behinderteneinrichtungen und die Privatisierungen des Flughafens, der Staatskellerei, des Informatikdienstes und der kantonalen Elektrizitätswerke. Als besonderes wif!-Projekt sei auch auf die Revision des Personalgesetzes hingewiesen, welche, davon kann man überzeugt sein, ohne die NPM-Rhetorik von mehr Autonomie für die Angestellten wohl kaum als jenes »Konsenswerk« herausgekommen wäre, als das sie, von den Gewerkschaften mitgetragen, mit 84 Prozent der Stimmen 1998 in einer Volksabstimmung angenommen wurde. In der Tat hat kein anderer Kanton die Offensive gegen sein Personal derart weit getrieben: Nach den bereits beschriebenen Lohnverlusten und Stellenkürzungen wurde durch das neue Personalgesetz der Beamtenstatus abgeschafft.

Alles in allem hat das Projekt wif! bis heute 25 Millionen Franken gekostet, wobei der Grossteil der Ausgaben auf externe Experten und Consultants fiel. Buschor setzte dabei alle seine Beziehungen in Gang und besetzte die wichtigsten Projektposten mit Leuten seines Vertrauens: Nicht wenige ehemalige Assistenten fanden sich an der Spitze gewichtiger Programme wieder, darunter Luca Stäger für die »Leistungsorientierte Ressourcenallokation im Spitalbereich« (Loras) oder Peter Grünenfelder in der »Aufgaben- und Leistungsüberprüfung« (Alüb), welche als eine Art übergeordnetes Projekt sämtliche anderen Projekte einem so genannten »Prämissencontrolling« unterzog, d.h. die Leistungen grundsätzlich auf ihre Daseinsberechtigung hin überprüfte. Zu diesem Zweck wurden sämtliche staatlichen Dienstleistungen als »Produkte« definiert und nach dem »5-Ebenen-Modell« nach deren Kosten, Nutzen und Effizienz gewichtet. Eine solche Liste erlaubt es, je nach Haushaltserfordernissen, einen Schnitt zu ziehen, unterhalb dessen die Produkte nicht mehr oder nicht mehr ganz finanziert werden. Zwar weigert sich der Regierungsrat bis heute hartnäckig, diese Liste publik zu machen[299], womit auch keine konkreten Rückschlüsse auf die finanziellen Auswirkungen von wif! möglich sind, jedoch gab er an, dass durch Alüb allein insgesamt rund 350 Millionen Franken eingespart worden sind.

Aufgrund der 1998 vorliegenden 41 Globalbudgets in der Zürcher Verwaltung, (welche rund 42 Prozent des gesamten Kantonshaushalts abdecken), die auf dem gleichen Messystem aufbauen, lässt sich immerhin darstellen, welche Kriterien zur Gewichtung der Dienstleistungen verwendet worden sind. Schaut man sich beispielsweise die Produktgruppe Nr. 2000-01, »Staatskanzlei«, an, so kommen an der »wissenschaftlich abgestützten Methodik zur Überprüfung der staatlichen Leistungen«[300] erhebliche Zweifel hoch. Die Leistung wird folgendermassen umschrieben: »Als Stabsstelle des Regierungsrates hat die Staatskanzlei diejenigen Leistungen zu erbringen, die ein reibungsloses Funktionieren des Regierungsrates als Kollegialbehörde garantieren.«[301] Wie soll nun die Wirksamkeit dieser Leistung gemessen werden? Das Globalbudget verzichtet gänzlich auf entsprechende Indikatoren, gibt dafür aber über die Effizienz Auskunft: Die »Regierungsratsbeschlüsse« haben von 1998 bis 1999 von 2.844 auf 2.800 Stück abgenommen und der »Umfang des Regierungsratsprotokolles in A5-Seiten« wurde von 8.500 auf 8.300 Seiten reduziert – wahrlich ein Beweis dafür, dass mit weniger Aufwand die Qualität der Leistung (die Regierungsarbeit) beibehalten werden kann. Angesichts der breiten Unterstützung für solche Methoden, kann durchaus festgestellt werden, dass die Reformelite ihre Aufgabe zur Befriedigung aller weitgehend erfüllt hat.

NPM und die Rationierung im Gesundheitswesen

Wie bis hierhin festgestellt werden konnte, gibt es kein unpolitisches Sparen, und auch die NPM-Kennziffern entstehen nicht in einem herrschaftsfreien Raum. Wenn auch die Diskussion über Kennziffern und Kosten-Leistungs-Vergleiche suggeriert, dass die Entscheide darüber, in welche staatlichen Aufgaben die »knappen Mittel« in welchem Ausmass fliessen sollen, ein rein technisches Problem wären, so sind die gegenwärtigen »Reformen« mit zielgerichteten Konzentrations- und Differenzierungsprozessen verbunden, denen teilweise implizite gesellschaftspolitische Annahmen und Prioritätensetzungen zugrunde liegen und darauf abzielen, die Art und Weise gesellschaftlicher Bedürfnisbefriedigung – den *Service Public* – grundsätzlich neu zu definieren. Die Beispiele im Gesundheits- und Bildungswesen mögen dies verdeutlichen.

1996 trat das neue eidgenössische Krankenversicherungsgesetz (KVG) in Kraft, welches unter anderem gemäss Artikel 39 eine »bedarfsgerechte Spitalversorgung« verlangte. Die kantonalen Behörden wurden darin aufgefordert, aufgrund einer Bedarfsplanung, eine Liste der im jeweiligen Kanton zugelassenen Spitäler aufzustellen: Die Spitäler, die auf der Liste nicht aufgeführt sind, erhalten von den Krankenkassen keine Leistungen mehr für die Grundversorgung und sind im Normalfall nicht mehr in der Lage, sich finanziell über Wasser zu halten.

Das Gesetz gab dem Zürcher Regierungsrat den idealen Rahmen, um die Gegenreform energisch voranzutreiben. Nachdem bereits mit EFFORT 450 Spitalbetten im ganzen Kanton abgebaut wurden, präsentierte die Gesundheitsdirektion, unter der neuen Leitung Verena Dieners von der Grünen Partei, 1996 die »Zürcher Spitalliste 1998«[302]. Diese verlangte in einem ersten Schritt bis 1999 die Aufhebung von 800 Betten durch die Schliessung von sieben Regionalspitälern und diversen Spitalfusionen. In einem zweiten Schritt sollten bis 2005 weitere 400 Betten abgebaut werden. Insgesamt werden damit 17,5 Prozent des kantonalen Bettenbestands von 1996 ausgeschieden. Bei einem durchschnittlichen Personalbestand von 2,3 Personen pro Bett, sollen 1840 Vollzeitstellen in der ersten Phase und weitere 920 Stellen in der zweiten Phase gestrichen werden: Damit würde 2005 der durchschnittliche Personalbestand von 1996 um rund 15 Prozent reduziert.

Die Spitalliste ist der vorerst letzte Baustein der finanzpolitischen Gegenreform im Spitalbereich, als Folge derer die Ausgaben im Gesundheitswesen drastisch abgenommen haben. Dennoch haben in den neunziger Jahren die Gesundheitskosten, global zugenommen: Zwischen 1990 und 1994 wies die Schweiz mit 14,3 Prozent nach Deutschland und den USA die dritthöchste Wachstumsrate im Gesundheitsbereich der OECD-Länder auf. Mit anderen Worten, der Staat hat sich aus der Finanzierung des Gesundheitsausgaben zurückgezogen: 1990 flossen 26,3 Milliarden Franken in den Gesundheitsbereich; davon wurden 62,8 Prozent von den privaten Haushalten und 27,4 Prozent vom Staat getragen. Ab 1991 ist der Anteil des Staates an den gesamten Gesundheitskosten ständig gesunken. Zu den 35,1 Milliarden, die 1995 für die Gesundheitspflege aufgewendet worden sind, hat der Staat noch 25,2 Prozent beigetragen, während der Anteil der privaten Haushalte um 2,3 auf 65,1 Prozent angestiegen ist. Die Kantone sind an der Senkung der Beiträge der öffentlichen Hand massgebend beteiligt. Kamen sie 1990 noch für 18,4 Prozent der gesamten Gesundheitskosten auf, sinkt dieser Anteil 1995 auf 14,8 Prozent[303]. Die finanziellen Lasten wurden also auf die privaten Haushalte umgelagert, welche in den neunziger Jahren gewaltige Prämienerhöhungen der Krankenkassen zu tragen hatten.

Aber auch die Angestellten hatten ihre Opfer zu tragen: Während der Bettenbestand zwischen 1990 und 1996 um 7,6 Prozent sank, nahmen die Patientinnen und Patienten in den Zürcher Spitälern um neun Prozent zu. Bei einer zusätzlichen Absenkung ihrer Aufenthaltsdauer von 11,7 auf durchschnittlich 9,8 Tage, nahm der *Turn-Over* in den Spitälern (jährliche Austritte pro Bett) deutlich zu: um 18 Prozent[304]. Dies bedeutet nichts anderes, als dass die Arbeitsintensität für das Pflegepersonal merklich zunahm, zumal das Wachstum des Personalbestandes mit lediglich 7,3 Prozent deutlich hinter dieser Entwicklung zurückblieb. Durch den Bettenabbau und der Mehrbelastung des Personals, welche mit der Spitalliste noch weiter verschärft werden sollen, wurde die Substanz des kantonalen Gesundheitswesens derart angegriffen, dass der Ruf nach einem Leistungsabbau immer lauter wurde.

In diesem Zusammenhang kündigte im Januar 1999 Verena Diener an, dass »wir alle [...] nicht darum herumkommen [werden], den Dialog darüber zu eröffnen, wieviel wir ausgeben wollen und was wirklich notwendig ist bzw. worauf wir verzichten können«[305]. Auf dem Boden der politisch erzeugten Finanz- und Personalknappheit, war dies Ausdruck davon, dass die gesundheitspolitische Gegenreform bereits in vollem Gang war und nun noch durch eine »öffentliche« Debatte »demokratisch« legitimiert werden sollte. Denn tatsächlich waren hinlänglich Fälle bekannt, in denen Spitäler aufgrund des Personalmangels die Patienten und Patientinnen in verschiedene Pflegekategorien einteilten, »von möglichst frühzeitiger Verlegung (Abschieben) von Patienten in andere Kliniken zur eigenen Entlastung, von Differenzierung je nach Versicherungsklasse«[306].

Das in diesem Zusammenhang oft verwendete Wort der Rationierung gesundheitlicher Leistung wird dabei zunehmend als einzige Möglichkeit bezeichnet, der drohenden Überforderung des Gesundheitswesens zu entgehen. Dieser Begriff ist jedoch irreführend: Im engeren Sinne geht er von einer Situation des Mangels aus, bei der die knappen Ressourcen verteilt werden sollten. Ein solcher

Mangel muss im Gesundheitswesen aber zuerst politisch-institutionell hergestellt werden, so lange, bis unter der Prämisse der Kostensenkung propagiert werden kann, dass die Gesundheitsversorgung für alle nicht mehr finanzierbar ist. »Mit anderen Worten: eine Rationierung verfolgt den Zweck, Menschen und Bevölkerungsgruppen von Zugang zu bestimmten medizinischen Leistungen auszuschliessen.«[307] Wie die »Aktion Gsundi Gsundheitspolitik« (AGGP) in einer bemerkenswerten Broschüre über die Zürcher Gesundheitspolitik schreibt, bereitete die finanzpolitische Gegenreform den Boden vor, auf dem die gesundheitspolitische Gegenreform durchgeführt werden konnte, womit »die Bereitschaft und Akzeptanz für eine gesellschaftliche Entsolidarisierung bei der Gesundheitsversorgung«[308] gesichert werden sollte.

Die Tragweite von NPM bei der Umsetzung der Rationierung wird hier besonders deutlich. Denn diese macht grundsätzliche Strukturveränderungen im Gesundheitswesen nötig, und sie soll ausserdem wissenschaftlich rational begründet und politisch legitimiert werden können. Schliesslich darf die Finanzknappheit das Gesundheitssystem nicht in den Ruin treiben, d.h. die minimal erforderlichen Leistungen müssen weiterhin finanziert werden können: »Die Knapphaltung der finanziellen und personellen Mittel bedingt also den Aufbau einer ›knappheitstauglichen‹ Finanzierungs- und Verwaltungsstruktur des Gesundheitssystems.«[309]

Zu diesem Zweck lancierte die Gesundheitsdirektion das wif!-Projekt Loras (Leistungsorientierte Ressourcenallokation im Spitalbereich), welches aus Buschors »Organisationsmodellen für ein wirksameres Gesundheitswesen« entsprang. Deren Ziele fasste Diener folgendermassen zusammen: »Das öffentliche Gesundheitswesen hat einen sozialen Auftrag. Ein unbesehener Abbau von Leistungen aus purer Geldnot lässt sich daher nicht rechtfertigen. [...] Die zur Verfügung stehenden Mittel müssen so eingesetzt werden, dass damit eine kostengünstige Versorgung der Bevölkerung zu gleichbleibend hoher Qualität sichergestellt werden kann.«[310] Loras soll mithelfen, wie der offiziellen Präsentation des Projektes zu entnehmen ist, die »Kostenflut einzudämmen«, und zwar durch den »Abbau von Überkapazitäten im stationären Bereich und die Eindämmung unnötiger Angebote«. Und weil die Kosten gesenkt werden sollen, muss deren Ursache ermittelt werden: »Mit Hilfe eines effizienten Rechnungswesens sollen künftig Kosten und Erträge zugeordnet werden können. [...] Dadurch werden Leistungs-, Preis- und Qualitätsvergleiche erstmals möglich.«[311]

Auf den ersten Blick scheint die Rationierung unvereinbar mit den neoliberalen Forderungen nach einer vollständigen Privatisierung des Gesundheitsmarktes. Die Rationierung der medizinischen Leistungen bedeutet in der Tat nichts anderes als eine verstärkte Kontrolle durch einen stark interventionistischen Staat, der die Gesundheitspolitik im Namen der Finanzknappheit lenkt: Der Staat legt fest, welche Leistungen öffentlich zugänglich und finanziert werden sollen und kontrolliert die Leistungserbringung. So klagte denn auch die *NZZ*, dass mit Loras »die Vorschriften und Einschnürungen detaillierter und rigoroser denn je geworden sind. An der Spitalfront herrscht – trotz Loras – die (mehr oder weniger) reine Planwirtschaft«[312]. Die Rationierungsdebatte zeigt indessen einmal mehr, wie sich die widersprüchlichsten Komponenten der neokonservativen Hegemonie zu einem gemeinsamen Projekt bündeln können: »Während das Deregulierungsprogramm die zahlungsunfähige Nachfrage aussondert und genau angibt, in welchem Rahmen der berechtigten Nachfrage Genüge getan werden soll, legt das

Rationierungsprogramm fest, welches die Versorgungsmodalitäten der Ausgeschlossenen sein sollen. Die Deregulierung und die Erweiterung des Gesundheitsmarktes sollen es ermöglichen, die Erwartungen zahlungskräftiger und anspruchsvoller KonsumentInnen zu befriedigen. [...] Die Rationierung hingegen schafft die Voraussetzungen, die Leistungen zu definieren, auf die ein Mensch bestehen darf, auch wenn er sie nicht bezahlen kann.«[313] Mit NPM wird es möglich, gleichzeitig die Grundversorgung für die wenig begüterten Schichten zu rationieren und das Angebot für die zahlungskräftigen Privatkunden zu privatisieren und auszubauen. Konkret bietet Loras zwei Instrumente an, um die Mittel- und Personalknappheit im Sinne dieses Projektes zu verwalten: die »leistungsorientierte« Finanzierung mittels Kennziffern und Fallpauschalen und die Qualitätssicherung.

Mit der Einführung von Fallpauschalen werden nicht mehr, wie bislang, jene Spitäler bevorzugt, welche mehr ausgeben, sondern den Spitälern werden in Leistungsaufträgen *im voraus* ein auf den tatsächlichen Kosten der einzelnen Behandlungen ausgerichtetes Budget zur Verfügung gestellt. Welches ist der Vorteil dieser Finanzierungsart? Früher wurden die finanziellen Ressourcen anhand des in der Krankenhausplanung enthaltenen und periodisch aktualisierten Bettenbestandes den einzelnen Spitälern zugeteilt. Reichten am Ende des Jahres die zugeteilten Mittel nicht aus, übernahm der Kanton die Defizite. Wichtiger ist aber, dass im Rahmen eines solchen Systems die Menge der Leistungen, die in einer bestimmten Zeitspanne zu erbringen sind, nicht im voraus definiert waren. Alle erbrachten Leistungen wurden einzeln vergütet, *nachdem* sie erbracht worden waren. Es ist einsichtig, dass in einem solchen Fall eine Rationierung schwer durchzuführen ist: Sie könnte nur durch die Zahlungsverweigerung einer bereits erbrachten Leistung verwirklicht werden, was wiederum zum Bankrott des betroffenen Spitals führen würde.

Mit der leistungsorientierten Krankenhaussteuerung (*Output*-Finanzierung) hingegen werden die Spitäler nicht mehr nach ihren Kosten finanziert, sondern nach der Zahl der durchgeführten Operationen oder der geleisteten Pflegetage. Grundlage dieser Spitalfinanzierung bilden die Fallkostenpauschalen. Darunter werden klinisch gleichartige, bezüglich der Kosten homogene Behandlungsfälle oder -gruppen verstanden. Mit Hilfe eines international standardisierten Systems (*Diagnosis Related Groups*) teilte Loras rund 10.000 bekannte Krankheiten in 641 Gruppen ein. Durch einen Leistungsauftrag bestimmt nunmehr der Staat, welche Spitäler welche der 641 »Produkte« in welchem Umfang anzubieten haben, um die Grundversorgung sicherzustellen. Dies erfolgt in der Regel auf der Basis einer Liste, in der die Prioritäten von medizinischen Behandlungen gewichtet und abgestuft werden. Bevor eine bestimmte Leistung in einer solchen Prioritätenliste aufgenommen wird, wird sie auf ihr Kosten-Nutzen-Verhältnis überprüft. Sie wird ausserdem nur erbracht, wenn sie sich als klinisch absolut notwendig für den Patienten erweist. Als Kennziffern gelten dabei die Kosten der Behandlung, die Dauer des Nutzens der Behandlung und die Wirkung auf den Gesundheitszustand. Man sieht den Vorteil des Systems: Eine solche Prioritätenliste ermöglicht der Regierung zu entscheiden, »welche Leistungen künftig nicht mehr erbracht werden sollen, um den Staatshaushalt und gleichzeitig die medizinische Versorgung nicht zu gefährden«[314]. Im Gegenzug wird dem Spital freie Hand gelassen, wie die Leistungen erbracht werden müssen und die Mittel eingesetzt werden. Eventuelle Gewinne gehören theoretisch dem Spital, mögliche Verluste werden ihrerseits vom Kanton nicht mehr übernommen. Gewinne sollen dabei insbesondere dadurch erzielt werden, dass man die »Produkte« billiger »herstellt« als in der Fallpauschalen errechnet. Durch ein *Benchmarking* werden die Pauschalen der jeweils kostengünstigsten Erbringung angepasst: Dieser Wettbewerbsdruck, so ist im Loras-Schlussbericht nachzulesen, »sollte sich als kostendämpfender und qualitätssteigernder Faktor auswirken. Um wettbewerbsfähig zu bleiben, müssen die Spitäler ihre Strukturen und Prozesse anpassen, was wiederum einen Abbau an Überkapazitäten bewirken könnte«[315].

Erscheinen politisch weitere Budgetkürzungen opportun, genügt es, den Leistungsauftrag zu reduzieren und das Globalbudget entsprechend zu kürzen. So heisst es beispielsweise im Globalbudget des Kantonsspitals Winterthur für das Jahr 1998 lapidar: »Aufgrund von EFFORT-Massnahmen wird das Globalbudget auf 52 Millionen Franken festgelegt. Gegenüber dem Voranschlag des Jahres 1997 von 60,5 Millionen werden 8,5 Millionen (14%) gespart.«[316] Das Spital wird somit gezwungen, sich an diese neuen Bedingungen anzupassen. Wie die AGGP zurecht anmerkt, hat in einem solchen System »niemand die Verantwortung für den Entscheid der Rationierung zu tragen: die PolitikerInnen nicht, weil sie sie nicht durchführen, die Spitaldirektion nicht, weil sie sie nicht angeordnet hat«[317]. Wie der Regierungsrat selber zugibt, liegt der Nutzen der Globalbudgetierung darin, »die Umsetzung von Sparmassnahmen zu erleichtern«[318], und so kam es bereits in der Testphase von Loras zu »einer spürbaren Einschränkung, wenn auch auf noch immer hohem Niveau«[319].

Um das »hohe Niveau« der Leistungen angeblich beizubehalten und der dem *Benchmarking* und den sich verknappenden Ressourcen innewohnenden Gefahr »eines

Qualitätsrückgangs, der verdeckten Rationierung und einer verschärften Zweiklassenmedizin« entgegenzutreten, schlugen die Leiter des Loras-Projektes vor, »die Auseinandersetzungen über Kosten/Nutzen, die Vergleiche verschiedener Institutionen, Prozessoptimierungen, Angebotsbeschränkungen – also letztlich die Beobachtung und Steuerung der Qualität – auf rationaler und zielorientierter Basis«[320] durchzuführen. Hier kommt das zweite NPM-Instrument zum Zug, die Qualitätssicherung: Dank ihr soll die Rationierung durch die Einführung von Pflegestandards ohne Qualitätseinbruch durchgeführt werden können.

Die ständige Messung von Standards im medizinischen, pflegerischen und medizinisch-therapeutischen Bereich ermöglicht indessen vor allem die Verwaltung der Personalknappheit, mit welcher zwangsweise ein Qualitätsrückgang der Pflege verbunden ist. Das mit Loras verwendete Qualitätsmessungsmodell sieht eine Beurteilung der Qualität der Leistungen auf verschiedenen Ebenen vor: Im ersten Fall werden die Leistungen nach den dafür benötigten Ressourcen beurteilt (Fallkosten). Im zweiten wird die Art und Weise der Durchführung der Leistungen unter die Lupe genommen (*Outcome*) und im dritten werden die Ergebnisse der Handlungen untersucht (Wirksamkeit). Auf dieser letzten Ebene sind einerseits Komplikationsrate, Rehospitalisationshäufigkeit, Letalität (Sterblichkeit an einer bestimmten Krankheit) usw. mögliche Indikatoren der Qualität. Andererseits wird beteuert, dass der Patientenzufriedenheit grosse Wichtigkeit beigemessen wird. Diese wird in den Zürchern Spitälern durch eine standardisierte Zufriedenheitsmessung durch das US-amerikansche Picker Institute aus Boston durchgeführt, welches in nächster Zukunft durch ein unabhängiges »Zürcher Qualitätsforum« ersetzt werden soll.

Im Pflegebereich werden die Folgen der Einführung von Standards oft unterschätzt, obwohl sie von grosser Tragweite sind. Bis anhin wurde die Qualität der Arbeit der Pflegenden an den Bedürfnissen der Patientin oder des Patienten gemessen. Die Qualität der Arbeit ergab sich durch einen Vergleich der Ergebnisse der ausgewählten pflegerischen Massnahmen mit den gesetzten Zielen. Durch Loras werden die von Individuum abgeleiteten Pflegenormen der professionellen Pflege indessen durch abstrakte, allgemeingültige Normen ersetzt. Denn das Grundprinzip der Qualitätskontrolle ist der Vergleich zwischen Ist- und Soll-Werten. Die ersten sind beobachtbar, während die letzten zwingende Normen sind, die durch »wissenschaftlich« eruierte Kennziffern eruiert werden. Der ganze Trick besteht nun darin, die Soll-Werte tief zu halten. Wie Ernst Buschor mehr als einmal betonte, müsse bei der Festsetzung der Kennziffern nicht zwingend »unsere Null-Fehler-Kultur«[321] zum Zug kommen. Die Standards sollen also die alten Qualitätserwartungen, die plötzlich als zu teuer oder zu luxuriös gelten, ersetzen. Im Rahmen der Modelle der Qualitätssicherung ist dies möglich, sogar ohne dass eine Qualitätsminderung theoretisch zu beanstanden wäre. Qualität bedeutet also nicht »gute Qualität«, wie es der Sprachgebrauch im Alltag nahelegen müsste. Denn sobald Ist- und Soll-Werte übereinstimmen, ist auch die Qualität zufriedenstellend. Dies gilt sogar, wie die AGGP ausführt, wenn das angestrebte Leistungsniveau, absolut gesehen, tief ist: »Durch die heutige Qualitätskontrolle wird also ein geordneter und systematisch geführter Leistungsabbau in Kauf genommen.«[322] Eine Rationierung der Gesundheitsleistungen, im Sinne einer Herabsetzung des angestrebten Versorgungsniveaus für gewisse Bevölkerungsgruppen, wird so möglich.

NPM und das standortgerechte Bildungssystem

Wie im Gesundheitswesen, lässt sich auch im Bildungsbereich das Zusammenspiel des »Zwillingspaars« Politik der leeren Kassen und NPM anschaulich darlegen. Bereits von 1992 bis 1995 hatten die kantonalen Bildungsausgaben um real rund 2,7 Prozent abgenommen, von 1995 bis 1997 noch einmal um 3,1 Prozent[323]. Ernst Buschor liess 1995 bei seinem Amtsantritt in der Bildungsdirektion verlauten, sein Ziel sei es, die Kosten gar um 15 bis 30 Prozent zu senken[324]. Mit 22,4 Prozent Ausgaben für Bildung lag der Kanton Zürich schon 1997 deutlich unter dem Mittelwert der Kantone von 25,1 Prozent.

In Franken pro Schülerin und Schüler gerechnet, gab der Kanton Zürich auf der Stufe der Volksschulen 1997 real rund zehn Prozent weniger aus als 1992. Auf der Mittelschulstufe betrug die Differenz gar 15,3 Prozent. Für die Studierenden an der Universität stiegen die Kosten zwar bis 1995 leicht an; der Strukturbruch war dann dafür umso heftiger: In nur zwei Jahren sparte der Kanton unter der Fuchtel Buschors ganze 23 Prozent pro Studierenden ein[325]. Auch in der Bildung war damit vor allem eine erhebliche Mehrbelastung für das Bildungspersonal verbunden: Der Personalbestand der Bildungsdirektion nahm von 1985 bis 1997 um lediglich 2,4 Prozent zu, während zur gleichen Zeit die Anzahl Schülerinnen und Schüler an den Zürcher Volks-, Mittel- und Hochschulen um 10,2 Prozent zunahm[326].

Ähnlich wie im Pflegebereich wurde damit allerdings nicht nur die Senkung von Staats- und Steuerquote als Selbstzweck betrieben: Die systematische Unterfinanzierung des Bildungswesens bezweckte einen politischen Kurswechsel. Wie Martin und Erich Graf mit Blick auf das

Zürcher Bildungssystem festhalten, kaschieren die finanzpolitischen Sparüberlegungen nur schlecht »den Ruf nach weiterer Privilegierung einer Elite«[327]. Das Ziel der bildungspolitischen Gegenreform, so die Autoren, besteht darin, unter dem Eindruck flexibilisierter Arbeitsverhältnisse und sich vertiefender gesellschaftlicher Disparitäten, die Zugangskriterien zu Bildungschancen zu verschärfen. Denn wie kann sich eine Gesellschaft, in der die Ungleichheiten grösser werden, für die heranwachsende Generation auch dann noch akzeptabel machen, wenn diesen zwar über ihre Diplome ein Anspruch auf gute Arbeitsverhältnisse und ein anständiges Einkommen vermittelt wird, sie aber gleichzeitig ihre eigenen Chancen der Verwirklichung schwinden sehen? Welche Werte müssen dafür internalisiert, welche Lernprozesse dazu durchlaufen werden, damit Chancenungleichheit normal erscheint? Die Bildung muss wieder verstärkt differenzieren und die soziale Ungleichheit muss, grob gesagt, über eine neu ausgerichtete Selektionsfunktion des Bildungssystems, »auf Chancen einerseits und auf individuelle Leistung andererseits zurückgeführt werden können«[328].

Ernst Buschor skizzierte mehrfach ziemlich genau seine »Vision« eines von Grund auf reorganisierten Bildungswesens: Die Ausbildung müsse sich den Anforderungen des Standortes anpassen. Auf der einen Seite soll Eliteförderung betrieben und damit die höhere Bildung wieder zum Privileg der höheren Schichten werden. Die »leider zur Massenuniversität«[329] gewordene Hochschule, welche durch die Produktion »zuvieler oder falsch ausgebildeter Akademiker«[330] für die hohe Arbeitslosigkeit der »Hochqualifizierten« verantwortlich sei, ist neu am angelsächsischen Modell einer Zweiteilung des Studiums auszurichten: kurze, berufsorientierte Studiengänge für die Mehrheit (*Bachelor*), Zugang zu Hauptstudium und

Forschung nur für die Besten (*Master*), und wenn nötig werden die Studierenden durch Strafgebühren ab dem 16. Semester, der Erhöhung von Studiengebühren, dem Abbau des Stipendienwesens und Zulassungsbeschränkungen aller Art am Weiterstudieren gehindert. Der Plan, das Gros der Studierenden mit spätestens 25 Jahren aus der Universität zu entlassen, entspricht genau den Wünschen des Vororts, dessen bildungspolitischer Sprecher, François L'Eplattenier, Präsident des Novartis Venture Fund, deklarierte, er sei schon immer »für das Modell: Maturität mit 18 Jahren, Diplom mit 22 Jahren, Doktorat mit 25 Jahren«[331] gewesen.

Das »Modell Buschor-L'Eplattenier« sieht umgekehrt für jene, denen die Elitestudiengänge versagt bleiben, eine auf den vom Arbeitsmarkt geforderten Kompetenzen ausgerichtete Grundbildung vor, welche ihre *employability* sichert. Das heutige Bildungssysten, so die zugrundeliegende Anschauung, vermittle nicht »die notwendige Risikofreude und den unabdingbaren Unternehmergeist, die allein zum Erfolg führen können. Statt dessen gibt es zuviel Art pour l'Art, Reflexion über Probleme, die sich im praktischen Leben nicht stellen«[332].

Entsprechend soll auch das Gymnasium verkürzt werden und sich, nach Buschor, »auf das Wesentliche konzentrieren«[333]. Damit geht eine Aufwertung der Berufsbildung einher, welche, in Einklang mit der in den Weissbüchern ausgebreiteten Idee, wonach die jungen Leute vermehrt durch die berufliche Ausbildung, denn durch Mittelschulen geschleust werden sollen, durch die Bildung von Fachhochschulen mit stark berufsorientierten und relativ kurzen Studiengängen attraktiver gemacht werden soll. In diesem Zusammenhang ist schliesslich auch zu verstehen, weshalb das Zürcher Leitbild zur Bildungspolitik auch auf der Stufe der Volksschule von der Chancengleichheit Abschied genommen hat und nunmehr von »Chancenfairness« spricht, welche den jungen Menschen verspricht, sie zu »kompetenten, lebenslang lernenden und leistungswilligen Persönlichkeiten«[334] auszubilden. Unternehmergeist, Akzeptanz der Flexibilitäts- und Anpassungszwänge, sprachliche Gewandtheit und der mühelose Umgang mit modernen Kommunikationsmitteln ersetzen die schulisch erworbenen Qualifikationen, welche unter dem Druck der Arbeitslosigkeit kaum mehr als Prinzip anerkannt werden sollen, welches Anrecht auf Arbeit, einen gewissen Status und einen entsprechenden Lohn gewährt. Der Sachverhalt, dass über ein Drittel der Sozialhilfeempfänger über eine schlechte Grundausbildung verfügten, beweise, dass diese zuwenig auf die Bedürfnisse des Arbeitsmarktes ausgerichtet sei. Die Volksschule muss also, so Buschor, »noch ›berufsbildungsgerechter‹ werden«[335].

Nach der jahrelangen Unterfinanzierung des Bildungswesens bei steigenden Schülerinnen- und Schülerzahlen konnte mit Hilfe von NPM die sichtliche Überforderung der Bildungsinstitutionen nach und nach in ein »Effizienzproblem« umdefiniert und als dessen Lösung ein standortgerechtes Bildungssystem präsentiert werden. Mit der Einsetzung einer auf Kennziffern und Fallpauschalen ausgerichteten Finanzierung und der Teilautonomie untereinander im Wettbewerb stehender Schulen, drängte sich nun auch aus ihrer Sicht eine strukturelle Anpassung an die Zielsetzungen der Gegenreform auf, da sie sonst Gefahr liefen, Mittel zu verlieren. NPM verstärkte den Druck auf das Bildungswesen, dessen Leistungsangebote »bewertbarer« zu machen. Durch die Aufwertung des Bildungsmanagements und die Entpolitisierung der Steuerungs- und Entscheidungsgrundlagen zugunsten inhaltsloser »Effizienzsteigerung« konnten so die Ziele der

Eliteförderung und einer näheren Ausrichtung des Bildungssystems auf die Erfordernisse des Arbeitsmarktes vorangetrieben werden.

Mit einem beeindruckenden wif!-Massnahmenbündel[336] versprach Ernst Buschor denn auch, »das zürcherische Schulsystem vom hohen pädagogischen Ross herunterzuholen und zu einem Dienstleistungsunternehmen umzuformen«[337]. Durch die Projekte der »Teilautonomen Volksschulen« (TaV) und der »Teilautonomen Mittelschulen« (TaM) sowie der Universitätsreform »Uni2000« wurde NPM seit 1995 auf allen Stufen des Zürcher Bildungssystems eingeführt: Die meisten Bildungsinstitutionen werden nunmehr nach Globalbudgets finanziert, in denen kantonale fixe Pauschalbeiträge pro Schülerin und Schüler festgelegt sind. Diese legen fest, wieviel der Kanton bereit ist, für das gesetzlich vorgeschriebene schulische Grundangebot zu bezahlen. Als Dreh- und Angelpunkt der »nachhaltigen« Veränderung der Bildungsstrukturen kristallisiert sich, wie bei den Spitälern, das Gelingen des Übergangs zu einer Finanzierung, die sich an Leistungsindikatoren des *Outputs* misst, heraus. Dieses wird aufgrund von Kosten-Nutzen-Erwägungen für die einzelnen Schülerinnen und Schüler ermittelt, auf der Basis einer einheitlichen »betrieblichen Kosten- und Leistungsrechnung«, die unter der Leitung von Kuno Schedler vom St. Galler Institut für Finanzwissenschaft und Finanzrecht im Auftrag von Ernst Buschor für die Schweizerische Konferenz der kantonalen Erziehungsdirektoren ausgearbeitet wurde.

Wie auch in der Pflege fusst dabei die Definition des »Nutzens der Bildung« auf einem sehr eng gefassten betriebswirtschaftlichen Begriff: Angesichts der Unmöglichkeit, alle politisch als wichtig erachteten Leistungen, die vom Schulsystem erbracht werden, quantifizieren zu können, wird einmal mehr nur das als relevant betrachtet, was sich auch quantifizieren lässt: Die Ergebnisse des Bildungssystems werden nicht in Relation zu einem definierbaren gesellschaftlichen Nutzen legitimiert, sondern vor allem »gezählt« und konkurrenzfähig tabelliert. Damit, so Kuno Schedler in seinem Expertenbericht, können die Schulinstitutionen aufzeigen, »welche Kosten eine Veränderung des Lehrplans zur Folge hat. Der Kanton seinerseits kann seine bildungspolitischen Massnahmen vor dem Hintergrund der tatsächlichen Kostenfolgen ergreifen.«[338] Damit wird die Absicht deutlich, die Kostenrechnung als Instrument der Rechtfertigung von weiteren Kürzungen der finanziellen Mittel einzusetzen. Man ahnt, wie Ragni bemerkt, »dass mit der – dank Expertenberichten ›fundierten‹ – Legitimierung einer solchen methodischen Zugangsweise alle nicht strikt quantifizierbaren Leistungskomponenten des Bildungsbereichs mit der Zeit eine schleichende politische Entwertung erfahren müssen. Schon heute spricht man ja von ›Bildungsballast‹, von ›Luxuskonsum‹ etc.«[339]

Künftige staatliche Zuwendungen sind demnach vermehrt an (oftmals extern evaluierte) Leistungskriterien gebunden: Wie Martin und Erich Graf darlegen, werden die im Bildungssystem wirklich relevanten Ziele durch NPM »nun direkt durch die Verwaltungsspitze definiert und damit nicht nur die Qualität, sondern auch die Quantität der zu verteilenden Chancen im Bildungssystem«[340]. Das Beispiel der Mittelschulen ist vielsagend: TaM verglich die Anzahl der Hochschulabschlüsse in Prozenten der Universitätseintritte der Maturandinnen und Maturanden pro Gymnasium mit den Kosten pro Schülerin und Schüler. Dabei zeigte sich, so Buschor, »dass die Zahl der Universitätsabschlüsse pro Gymnasium weder mit den Kosten pro Schüler noch mit dem Freifachangebot korreliert«[341]. Konsequenz: Das Freifachangebot wurde gekürzt, die Klassenbestände erhöht. Was Buschor nicht sagte: Als *Benchmark* (»wirksamste« Schule) galt die Mittelschule Rämibühl, eine Schule am reichen »Züriberg« mit einer ausgesprochen homogenen Schülerpopulation aus dem oberen Mittelstand. Die anderen Mittelschulen hatten nunmehr mit weniger Mitteln ihre sozial anspruchsvolleren »Kundinnen« und »Kunden« über die Runde zu bringen[342].

Nimmt man das Beispiel der Zürcher Universität, welche 1998 mit einem auf solchen Kennziffern basierten Globalbudget versehen wurde, wird der Nutzen solcher »wissenschaftlich« ermittelten Referenzkriterien noch deutlicher: Als Kennziffern figurieren im Globalbudget[343] u.a. die »hohe internationale Qualität der Forschung«, welche aufgrund der Anzahl Publikationen, Zitierungen, Ehrungen und Preise von nationaler und internationaler Bedeutung eruiert wird, sowie der »Beschäftigungsgrad nach Studienabschluss und effektiver Gebrauch des Studienwissens«, welche mittels Umfragen bei den Uniabgängerinnen und -abgängern ermittelt werden soll. Am meisten Bedeutung hat jedoch der Indikator »Durchschnittsstudienzeit«, mit welchem das (zu lange) Studium ins Zentrum der Hochschulpolitik gerückt wird. Dieser Indikator, so der deutsche Bildungssoziologe Torsten Bultmann, ermöglicht, Verschiedenes und Unvergleichliches miteinander zu vergleichen: »Studienzeit« – oder die in Zeitquanten ausgedrückte Kombination von Studieninhalten – erscheint innerhalb dieses betriebswirtschaftlichen Mechanismus vor allen Dingen unter dem Aspekt des »Zeitgewinns« für die Forschung bzw. der finanziell relevanten Vermehrung ihrer Ergebnisse. Auf diese Weise entsteht ein »primitiv-technokratisches Wachstumsmodell innerhalb der Hochschule, bei dem wissenschaftlicher ›Fortschritt‹ mit der blossen Anzahl faktenförmig isolierter ›Ergebnisse‹ und der Geschwindigkeit der ›Produktion‹ gleichgesetzt«[344] wird. Damit verfügt die Bildungsbürokratie über die »objektive« Grundlage, die öffentlichen Gelder den »unproduktiven« Bereichen zu entziehen, um sie, so Buschor, »an den produktiven Standorten zu investieren [...]: in Wachstumsbranchen mit einem hohen Forschungsbedarf wie Biologie, Pharma, Informatik oder Finanzmärkte«[345].

Die auf Fallpauschalen ausgerichtete Globalbudgetierung erlaubt ausserdem, die Selektionsfunktion des Bildungswesens genau zu planen: Den einzelnen Schulstufen werden Beträge zugesprochen, welche der Anzahl der auszubildenden Schülerinnen und Schüler entsprechen. So ist beispielsweise dem Leistungsauftrag an die Mittelschulen zu entnehmen, dass für die nächsten drei Jahre die Zahl der Gymnasiastinnen und Gymnasiasten auf 20 Prozent der Jugendlichen stabilisiert werden muss: Wenn die Gymnasien mehr Jugendliche durch die Prüfungen lassen, erhöht dies die kantonale Entschädigung nicht. Wie Buschor ausführt, bleibt damit zwar die Aufnahmeprüfung entscheidend, »aber sie muss so durchgeführt werden, dass die Richtwerte eingehalten werden«[346].

Wie im Spitalbereich erhalten die Bildungsinstitutionen als Gegenleistung dafür, dass sie finanzpolitisch an eine kürzere Leine gehalten werden, eine so genannte Teilautonomie: Die Schulleitungen (oder in der Universität das Rektorat) können nun selber bestimmen, wie sie mit den knapper gewordenen Mitteln den vom Kanton vorgegebenen Leistungsauftrag erfüllen wollen. Der Anreiz besteht für die Schulen darin, sich innerhalb der gleichen Stufe die Schülerinnen und Schüler abzuwerben, um die Ertragssumme aus den einzelnen Schülerpauschalen zu maximieren. Denn wie Buschor erklärt, werden Schulen »mit attraktiven und qualitativ hochstehenden Bildungsprogrammen stets genügend Interessierte und damit auch genügend Erträge aus der Schülerpauschale haben und daran interessiert sein, zusätzliche, kostendeckende Ausbildungswege anzubieten«[347]. Andersrum formuliert werden nur noch Leistungen angeboten, mit denen die Schülerinnen und Schüler auch wirklich angeworben werden können. Durch die Teilautonomie werden die Unterschiede zwischen einzelnen Schulen somit gefördert, die Ungleichheit jedoch dem »neutralen« Markt zugeschrieben.

Wer in diese Finanzierungslücke springen soll, ist einsichtig: Einerseits eröffnet sich, ähnlich wie im Gesundheitswesen, die Möglichkeit der gezielten Privatisierung rentabler Bereiche, beispielsweise in Mittelschulen mit sozial homogener Klientel. Das Zürcher Mittelschulgesetz zielt mit der Subventionierung von privaten Mittelschulen bei freier Schulwahl durch die Eltern bereits in diese Richtung. Ausserdem sollen die staatlichen Schulen sich vermehrt nach privaten Geldgebern umsehen: Nichts anderes sieht das »Schulprojekt 21« von Buschor vor, mit welchem künftig die Informatik-Infrastruktur durch Sponsoringverträge gesichert werden soll. Als Gegenleistung erhalten die Spender die Möglichkeit, in den entscheidenden Gremien bei den Lehrinhalten mitzureden[348]. Das gleiche Prinzip wurde durch »Uni2000« mit der Schaffung des Universitätsrats in der Hochschule eingeführt, welches sich, nebst den behördlichen Vertretern, aus »Persönlichkeiten aus Wissenschaft, Kultur, Wirtschaft und Politik« zusammensetzt: Dies als Dank dafür, dass die vom Kanton im Jahr 1998 um zehn Prozent gekürzten staatlichen Beiträge teilweise durch die so genannte Drittmittelfreiheit aufgefangen werden konnte, d.h. mehr und mehr Foschungsaufträge durch die Industrie finanziert wurden.

Andererseits ist in Schedlers »Kostenrechnungsmodell« nachzulesen, dass »die Kosten von Bildungsleistungen [...] durch diejenigen getragen werden [sollen], denen daraus entsprechender Nutzen zufliesst«[349]. Da aus der NPM-Perspektive Bildung nur als eine Investition in das Humankapital betrachtet wird, die sich im Verlauf des Lebens mit grosser Wahrscheinlichkeit in einem höheren Einkommen niederschlägt und damit auch materiellen Nutzen bringt, sollen die Kosten durch die »Kundinnen« und »Kunden« des Bildungssystems übernommen werden. In diesem Sinne versuchte Ernst Buschor 1995, Schulgelder in die Mittelschulen einzuführen, zog diese Idee aber (vorläufig) zurück. Erfolgreicher war er an der Hochschule, wo in den letzten Jahren die Studiengebühren nach und nach angehoben wurden: 1.200 Franken zahlen die Studierenden im Kanton Zürich jährlich für ihr Studium, und die Gebühren sollen in den nächsten Jahren verdoppelt werden.

Die Frage der Studiengebühren bringt den NPM-Mechanismus in Bezug auf die bildungspolitische Gegenreform auf den Punkt. Hier verkoppeln sich das individuelle Bildungsverhalten, Bildungsressourcen und gesellschaftliche Märkte: Die Studierenden müssen die künftige »Rendite« ihrer Studiengebühren schärfer kalkulieren und sich damit zwangsläufig stärker am Arbeitsmarkt orientieren, d.h. aus Kostengründen einen berufsorientierten Kurzstudiengang bevorzugen. Dieser Mechanismus wird noch verstärkt, wenn, wie Buschor dies plant, das Stipendienwesen durch kreditförmige Mechanismen der Vorfinanzierung, quasi als Vorgriff auf künftige Einkommen, ersetzt wird. Von Seiten der Bildungsinstitute setzt ein Komplementäreffekt ein: In dem Masse, wie ihre materielle Ausstattung zunehmend auf Einnahmen aus Studiengebühren angewiesen ist, und darüber hinaus die staatlichen Grundmittel aufgrund der »wissenschaftlichen« Kennziffern »differenziert« werden, müssen sie attraktive Angebote zur Anwerbung von Studierenden entwickeln und sich auf diese Weise ebenso auf den Markt beziehen, da diese »Attraktivität« in direktem Verhältnis zu den gesellschaftlichen Chancen der jeweiligen Studienabschlüsse steht. Dieser Mechanismus schreibt somit die marktförmige Steuerung auf der Ebene der individuellen Verhaltensrationalität (Habitus) der Schülerinnen und Schüler sowie der Bildungsinstitutionen ein.

Die bildungspolitische Gegenreform erscheint zusammenfassend als doppelter Versuch, das Bildungswesen den neuen Verhältnissen auf den immer flexibler gestalteten Arbeitsmärkten anzupassen, wo Bildungsdiplome immer weniger als Grundlage des Anstellungsverhältnisses anerkannt werden. Die durch die leeren Kassen erzwungene Verkürzung der Schul- und Studiendauern ermöglicht einerseits die allgemeine Abwertung der Grundbildung und somit der Ware Arbeitskraft. Andererseits werden über kennzifferngestützte und bürokratisierte »Markt«-Mechanismen die durch die Schule produzierten Ungleichheiten dadurch verschärft, dass ab der Volksschule bewusst eine Differenzierung und Individualisierung der Lernziele einsetzt: Zutritt zu höherer Bildung hat nur noch, wer die entsprechende Kaufkraft vorweisen kann. Hier geht es nicht mehr um die »Perpetuierung und Legitimierung von Klassenstrukturen«[350], wie Pierre Bourdieu und Jean-Claude Passeron in ihrem klassischen Werk über die herrschaftsförmige Seite des Bildungssystems in den siebziger Jahren festhielten. Es geht um die Vertiefung gesellschaftlicher Ungleichheiten zum Zwecke einer besseren Abstimmung auf die Bedürfnisse eines Wirtschaftsstandortes.

4.
NPM oder Service Public – zwei gegensätzliche Gesellschaftsmodelle

Die Finanzkrise des Steuerstaates kommt strukturell dadurch zustande, dass die Voraussetzungs- und Folgekosten der privatkapitalistischen Akkumulationsdynamik den Staat zu einer Dauerintervention zwingen. Deren Finanzierung ist aber fiskalisch abhängig vom Wachstum privater Wertschöpfung, die ihrerseits wieder von den Anlage- und Realisierungserfordernissen privat konkurrierender Kapitale bestimmt wird. Durch die zu Beginn der neunziger Jahre einsetzende schwere Rezession traten diese Grenzen des Steuerstaates erneut deutlich in Erscheinung. In der neokonservativen Auffassung wird diese Krise jedoch aus ihrem ursächlichen Zusammenhang mit dem ökonomischen System ausgeklinkt und als rein politisches Fehlprodukt interpretiert. Sie ist Ausdruck einer »Anspruchsinflation«, welche im Kern nur einen Auswegpfad zulässt: Die »Rücknahme von Mechanismen politisch ausgerichteter Entscheidungen zugunsten einer funktionalen, d.h. entpolitisierten Rückkopplung des Staates an die Konkurrenzwirtschaft«[351].

Diese Strategie läuft auf eine »Ökonomisierung« staatlichen Handelns hinaus, eine Entwicklung, die Rolf Richard Grauhan und Rudolf Hickel bereits in den siebziger Jahren in den meisten kapitalistischen Metropolen feststellen konnten. Ökonomisierung beinhaltet in der hier verwendeten Definition einen grundlegenden Umbau des *Service Public* unter verschiedenen Gesichtspunkten: Sozial- und dienstleistungsorientierte Staatsausgaben werden zugunsten einer Abrichtung des Staatshaushaltes auf unmittelbare Funktionserfordernisse der Kapitalbewegung gekürzt; öffentliche Dienstleistungen werden so weit als möglich dem Staat entzogen und auf private Unternehmen übertragen; der Rest der nicht mehr in irgend eine Form direkter Marktrationalität einzubindenden Dienstleistungsproduktion wird in marktpreissimulierte Kosten-Ertrags-Kalküle aufgelöst. Als Folge davon erfolgt die Abkehr einer auf dem Solidaritätsprinzip beruhenden Finanzierung hin zur individualisierten kostendeckenden Bezahlung für die »Produkte« der Verwaltung durch die Erhöhung von Entgelten und Gebühren; schliesslich werden die »Produktionskosten« dieser Leistungen durch einen merklichen Anstieg der Arbeitsintensität bei gleichzeitigen Lohnkürzungen beim Personal radikal gesenkt. Zusammenfassend zielt die Ökonomisierung also »auf eine ›Rekonstitution des Verhältnisses von Staat und Ökonomie‹ in dem Sinne ab, dass die profitorientierte, private Warenproduktion die entsprechenden Staatstätigkeiten bestimmen soll«[352].

Diese Krisenbereinigung ist jedoch nicht Selbstzweck: Die Finanzkrise des Steuerstaates wurde spätestens seit den neunziger Jahren nicht nur als Vorwand benutzt, um eine finanz- und gesellschaftspolitische Gegenreform zu realisieren, sie wurde durch das Zusammenspiel des »Zwillingspaars« der Politik der leeren Kassen und NPM zu diesem Zweck gar noch vertieft. Einer der Hauptgründe für das neuerliche Ausbrechen der Finanzkrise war in der Tat nebst der Rezession die gezielte Steuerentlastung der Besitz- und Vermögenseinkommen. Die dadurch hergestellte öffentliche Finanzknappheit und die danach einsetzende knappheitstaugliche Finanzierungs- und Verwaltungsstruktur (NPM) setzte die massgeblichen Akteure der Gegenreform in die Lage, die Haushaltsprioritäten verstärkt zugunsten bestimmter gesellschaftlicher Gruppen und den sich ändernden Anforderungen der privaten Kapitalakkumulation auszurichten und den radikalen Umbau des *Service Public* in Angriff zu nehmen, unter anderem durch die Liberalisierung und die Privatisierung neuer lukrativer Investitionsfelder für das private Kapital.

Da dieses Projekt im Namen der Wettbewerbsfähigkeit und des erhofften wirtschaftlichen Aufschwungs zur Überwindung der strukturellen Überproduktionskrise der kapitalistischen Weltwirtschaft unter dem Stichwort »Koalition der Modernen« (VPOD) auch von der Linken mitgetragen wird, drängen sich zum Schluss zwei Fragen auf: Hat diese Gegenreform, die sich innerhalb der herrschenden Logik des Steuerstaats abspielt, überhaupt Aussicht auf den ökonomischen Erfolg, der den Spielraum öffnen könnte, in dem verteilungspolitische Konzessionen seitens der Rechten ermöglicht würden? NPM spiegelt im Grunde die alte Hoffnung der Reformlinken wieder, durch möglichst intelligente Rationalisierungsmassnahmen auch im öffentlichen Dienst jene Produktivitätsfortschritte zu ermöglichen, mit denen sowohl die Interessen der »Wirtschaft« und des »Standortes« – will heissen: der Kapitalbesitzer – wie auch jene der grossen Mehrheit der Bevölkerung bedient werden können, da sie sich letztlich weitgehend überlagern würden.

Da aufgrund der hier entwickelten Analysen von NPM dies in höchstem Masse bezweifelt werden kann, und in jedem Fall ein Gesellschaftsmodell impliziert wird, welches sich auf wachsende gesellschaftliche Ungleichheiten stützt, stellt sich als zweite Frage folgerichtig jene nach möglichen Alternativen: Die Idee des *Service Public* bietet hierzu Anhaltspunkte, die über die Bestrebungen nach einer Wiederherstellung sozialstaatlicher Kontroll- und Umverteilungsmechanismen weit hinausgehen. Mit einem Blick nach Brasilien, wo seit mehreren Jahren in einer bemerkenswerten Erfahrung demokratischer Budgetierung die der neokonservativen Politik eigene Artikulation zwischen gesellschaftlicher Bedürfnisbefriedigung und deren Finanzierung konsequent umgedreht und teilweise überwunden wird, können konkrete Entwicklungsperspektiven für eine radikale Demokratisierung von Wirtschaft, Staat und Gesellschaft aufgezeigt werden.

GRENZEN DER KRISENBEREINIGUNG INNERHALB DES STEUERSTAATS

NPM präsentiert in abschliessender Betrachtung aus der Sicht der Neokonservativen massgebliche Vorteile gegenüber den älteren Ökonomisierungsstrategien: Als Resultat einer über lange Jahre intellektueller und ideologischer Vorarbeiten entwickelten Strategie, bildete sich einerseits ein neuer Akteur heraus – die verwaltungswissenschaftliche Reformelite – welche die Fähigkeit besitzt, verschiedene und widersprüchliche Interessen zu einem hegemonialen Projekt zu bündeln. Durch die mit NPM erfolgte Unterscheidung zwischen öffentlichen Gütern, die für die Akkumulationsdynamik als unabdingbar eingeschätzt werden, und für die der Markt nicht aufkommen kann

(Grundversorgung), und solchen, die nur als wünschbar erachtet werden und folgerichtig abgebaut oder privatisiert werden können, reduziert sich die politische Mittelzuteilung auf ein angeblich »technisches« Problem: Ausgehend von den knappen Finanzmitteln wird auf einer »rationalen« Grundlage abgewägt, wie der optimale Grad der Bedürfnisbefriedigung zu erreichen ist, ohne dass die vordringlich zu erfüllenden Leistungen gekürzt werden müssen. Es ist dieser ideologische Fortschritt in der Argumentationsweise der Neokonservativen, welcher das Projekt auch für die Linke akzeptabel gemacht hat.

Was durch die Reformelite als unausweichliche Modernisierung eines »Sozialstaats in der Krise« dargestellt wird, erscheint bei näherer Betrachtung jedoch in erster Linie als ein Umbau finanzpolitischer Entscheidungsstrukturen: Durch die Einführung »entpolitisierter« und wissenschaftlich fragwürdiger Kosten-Leistungs-Messungen auf allen Ebenen der Verwaltung werden weite Teile des demokratischen Prozesses bei der Haushaltsplanung ausgeschaltet und hinter »objektiven« Kennziffernsystemen gesellschaftspolitische Zielkonflikte und -widersprüche verschleiert und wegrationalisiert. Die Übertragung der Verfügungsmacht auf die betriebswirtschaftliche Finanzkontrolle als scheinbar unpolitische Legitimationsquelle führt, wie in einem privatwirtschaftlichen Konzern, zur Zentralisierung der finanzpolitischen Entscheidungskompetenzen auf der höchsten Ebene der Verwaltung und, entgegen der Beteuerungen der NPM-Experten, zu einer Rebürokratisierung des Staates durch unzählige interne und externe Controlling- und Evaluationsinstanzen.

Dieses neue institutionelle Gefüge erlaubt es, die Forderung nach »intelligentem Sparen« weitgehend zu erfüllen und damit eine nachhaltige Veränderung der Rolle des

Staates herbeizuführen. Nicht nur kann anhand »objektiver« Kennziffern viel leichter zu gezielten Budgetkürzungen geschritten werden. Auch erlaubt der Übergang zur »leistungsorientierten« Finanzierung der einzelnen öffentlichen Dienste, diese zu weitgehenden Strukturveränderungen zu zwingen, wollen sie weiterhin in den Genuss öffentlicher Finanzierung kommen. Wie die Beispiele im Gesundheits- und Bildungswesen gezeigt haben, wird hiermit eine grundlegende gesellschaftspolitische Gegenreform betrieben: Die kapitalistische Formbestimmung der Grundversorgung an staatlichen Dienstleistungen für die weniger Begüterten – »*fit for job*« statt Gesundheit, *employability* statt Bildung – wird bis ins kleinste Detail geplant, und die so genannten Luxusgüter (z.B. Spitzenmedizin und höhere Ausbildung) werden dem freien Markt überlassen. Dass dadurch nicht nur die staatlichen Institutionen umgeformt werden, sondern auch habituelle Veränderungen bei den Nutzerinnen und Nutzern des *Service Public* herbeigeführt werden, wurde anhand der Studiengebühren aufgezeigt. Aber auch im Gesundheitswesen ist mittlerweile die *»revolution of the common sense«*[353] so weit vorangeschritten, dass viele Menschen Gesundheit nicht mehr als ein Recht begreifen, sondern sich einbilden, mit ihren Krankheiten der Gesellschaft zur Last zu fallen. Das Resultat davon ist, dass sie sich vermehrt krank zur Arbeit begeben – ein weiteres Beispiel für die sozialen Folgekosten eines aus menschlicher Sicht irrationalen »Rationalisierungsprojekts«.

Ungleiches soll wieder ungleich behandelt werden, kollektive Bedürfnisse, die über das zur Sicherung des gesellschaftlichen Reproduktionsverhältnisses akzeptierte Minimalmass hinausgehen, nur befriedigt werden, wenn sie Profite abwerfen. Dies ist der gesellschaftspolitische Hintergrund der neokonservativen Gegenreform – und bedeutet nicht nur eine Rückkehr zu den Zuständen vor den »sozialstaatlichen Exzessen« der Nachkriegszeit, sondern es handelt sich um »ein Programm zur systematischen Zerstörung kollektiven Handelns«[354], wie Pierre Bourdieu die konzentrierten Angriffe auf die wesentlichen politischen, sozialen und institutionellen Reformelemente nennt, für die besonders die aus der Tradition der Arbeiterbewegung stammenden Organisationen gekämpft haben.

Im Verlauf dieser Arbeit zeigte sich deutlich die gesellschaftliche Tragweite der Finanzpolitik: NPM, ein scheinbar unpolitisches, betriebswirtschaftliches Instrumentarium zur Rationalisierung bürokratischer Ineffizienz, ist das notwendige Element einer Umgestaltung der verwaltungsinternen Organisationsform, um den Staat in einen »Wettbewerbsstaat« umzuwandeln, der seine Tätigkeit auf die Erfordernisse der arbeitsmarkt- wie steuerpolitischen Konkurrenzfähigkeit ausrichtet und nur noch standortgerechte Dienstleistungen anbietet. Die mit NPM vorgeschlagene Lösung der Staatsfinanzkrise soll den lokalen Unternehmen die besten Voraussetzungen bieten, um international erfolgreich expandieren zu können. Sie ist damit ein Bestandteil der umfassenden Veränderung der wirtschaftlichen Entwicklungsbedingungen, gesellschaftlichen Kräfteverhältnisse und politischen Steuerungsformen, die bereits in den siebziger Jahren eingesetzt haben: Diese Veränderungen sind in besonderer Weise durch eine massive Umverteilung von Einkommen zugunsten der Gewinne und zu Lasten der Löhne und Gehälter gekennzeichnet, eine Umverteilung, die auf den Arbeitsmärkten von den Arbeitgebern gegen die Gewerkschaften durchgesetzt wurde. Dass diese Strategie der Krisenbereinigung damit zu Lasten der grossen Mehrheit der Bevölkerung geht, sowohl der Lohnabhängigen, von deren Einkommen die erforderlichen Finanzmittel abgeschöpft werden (indirekte Steuern, Gebühren), wie der Nutzerinnen und Nutzer von öffentlichen Diensten, zu deren Lasten die Leistungseinschränkungen gehen, braucht an dieser Stelle nicht mehr weiter ausgeführt zu werden.

Inwieweit die Durchsetzung der Gegenreform gelingt, hängt dabei vor allem von der Entwicklung der politischen und gesellschaftlichen Kräfteverhältnisse ab. Dass sie bisher, bis auf wenige Ausnahmen, auf die noch zurückzukommen ist, politisch kaum thematisiert wurde, legt die Vermutung nahe, dass der Spielraum für derartige Krisenstrategien grösser ist als dies angesichts der massiven Eingriffe in das soziale Reproduktionsgefüge zu erwarten wäre. Die Hinnahmebereitschaft der davon Benachteiligten scheint grösser zu sein als die Bereitschaft zur Gegenwehr, und dies obwohl, wie beispielsweise im Globalbudget »Personalpolitik« des Kantons Zürich nachzulesen ist, die »Wirkung« dieser Politik, gemessen am Indikator »Zufriedenheit des Personals«, 1998 »unter 50 Prozent« lag[355]. Die Unzufriedenheit scheint also zumindest beim Personal stark zu wachsen. Hier eine Antwort für den fehlenden Ausdruck dieser Unzufriedenheit zu finden, verlangt Analysen über die im Bewusstsein der Betroffenen möglicherweise eingeschriebene »Sozialstaatsillusion« ebenso wie über die Entwicklung ihrer politischen Vertretung (linke Massenparteien und Gewerkschaften), deren Eigendynamik diskutiert werden müsste.

An dieser linken Position haftet im Grunde die Hoffnung, den Staat mittels der Ökonomisierungsstrategien »im Rahmen seiner marktspezifisch und aufgabenpolitischen Abhängigkeiten so zu rekonstruieren, dass der kapitalistische Verwertungszusammenhang nicht gestört wird«[356]. Mit anderen Worten: Nach Jahren schwacher

Wachstumsraten soll die Akkumulationsdynamik durch die grundlegende Neuausrichtung des *Service Public* auf die Erfordernisse des Wirtschaftsstandortes, die weitgehende steuerliche Entlastung der Unternehmen und die Öffnung neuer Anlagefelder in den bisher weitgehend von der öffentlichen Hand besetzten Sektoren so weit angekurbelt werden können, dass durch den dadurch entstehenden wirtschaftlichen Wiederaufschwung eine neue Verteilung des gesellschaftlichen Reichtums erfolgen könnte. Diese Haltung kommt im Positionspapier des VPOD zur Zukunft des *Service Public* besonders deutlich zum Ausdruck, welches die »Modernisierung« der öffentlichen Dienste »als wesentlichen Standortfaktor im Interesse der Volkswirtschaft«[357] verteidigt.

Eine erste Beurteilung der wirtschaftlichen Entwicklung des letzten Jahrzehnts scheint dieser Position Recht zu geben, wie die lange Reihe von Erfolgsmeldungen bürgerlicher Ökonomen über eine angebliche neue lange Welle wirtschaftlicher Expansion auf der Basis der so genannten *»new economy«* bezeugen. Es ist hier nicht die Stelle, den noch weitgehend offenen Ausgang dieser Entwicklung abschliessend zu beurteilen. Mehrere beobachtbare Tendenzen lassen jedoch darauf schliessen, dass diese sich herausbildende neue Konstellation des Kapitalismus auf äusserst schwachen Füssen steht und in jedem Fall wachsende gesellschaftliche Ungleichheiten, stärkere Unsicherheiten und neue Krisen mit sich bringt.

Einige Elemente mögen dies verdeutlichen. Zwar kann im Vergleich zu früheren Entwicklungsphasen des Kapitalismus, in denen nachlassendes Wachstum zu niedrigen Profiten geführt hat, davon heute keine Rede mehr sein, jedenfalls nicht für die grossen Akteure: Die Unternehmen konnten ihre Gewinne durch Steuerentlastungen, Senkung der Lohnkosten und die Lockerung investitionshemmender Vorschriften in Bereichen des Umwelt-, Arbeits- und Kündigungsschutzes und einer erheblichen Intensivierung der Arbeit steigern. Die Kehrseite dieser Entwicklung ist jedoch in erster Linie, dass seit Mitte der siebziger Jahre in allen kapitalistischen Ländern der Anteil der Löhne und Gehälter am Volkseinkommen massiv gesunken ist: in Europa von 77 auf 68 Prozent[358]. Als Ergebnis entstand in den achtziger Jahren die Situation, dass die gesamtwirtschaftlichen Wachstumsraten – wegen unzureichender Nachfrage – wesentlich unter denen der sechziger Jahre blieben. Mit anderen Worten: Die mit dem Anstieg der Unternehmensgewinne verbundene Umverteilung zu Lasten der Masseneinkommen hat die gesamtwirtschaftliche Nachfrage weiter gesenkt und die Investitionsneigung der Kapitalbesitzer gehemmt. Denn es ist für Unternehmen nicht sinnvoll, diese gestiegenen Gewinne in neue Produktionskapazitäten zu investieren, wenn die private und öffentliche Nachfrage nicht in dem Masse wächst, dass die mit grösseren Produktionsanlagen herstellbaren Güter auch mit Gewinn verkauft werden können. Dies ist, wie Jörg Huffschmid erläutert, einer der Hauptgründe für den Anstieg der Arbeitslosigkeit: »Realinvestitionen finden also erstens auf niedrigerem Niveau und zweitens vor allem als Rationalisierungsinvestitionen statt, durch die weitere Arbeitsplätze vernichtet werden.«[359] Zu diesen Rationalisierungsinvestitionen können auch die Fusionen und Übernahmen gezählt werden, deren Volumen in den fünf Jahren weltweit von 1994 bis 1999 von 500 Milliarden Dollar um fast das siebenfache auf 3,4 Billionen Dollar stieg.

Diese so genannte Überproduktionskrise ist nebst der sinkenden Kaufkraft der arbeitenden Bevölkerung aber auch darauf zurückzuführen, dass der produzierte Mehrwert nicht den gesellschaftlichen Bedürfnissen entspricht. Um die durch Marx geprägte Unterscheidung zwischen Tauschwert und Gebrauchswert einer Ware hier wieder aufzunehmen, genügt es eben nicht, eine Ware zu produzieren, damit sie tatsächlich zur Ware wird, sondern sie muss sich auch »realisieren« können: Nebst dem preisförmig festzustellenden Tauschwert muss eine Ware auch über einen Gebrauchswert verfügen, d.h. sie muss weitgehend mit den gesellschaftlichen Bedürfnissen in Einklang stehen. Um es vereinfachend mit Michel Husson auszudrücken, zeichnet sich die aktuelle Phase des Kapitalismus durch eine »wachsende Schwierigkeit aus, das Entsprechungsverhältnis zwischen dem, was die Menschen konsumieren wollen, und dem, was der Kapitalismus herstellen will, zustande zu bringen«[360]. Der grösste Anteil der Ausgaben der Haushalte fliesst in der Tat in Bereiche, die bislang noch weitgehend marktgeschützt waren und durch den *Service Public* abgedeckt wurden, insbesondere ins Gesundheitswesen. Dies ist auch der tiefere Grund, weshalb die Grossinvestoren nicht nur weniger Steuern bezahlen wollen, sondern mit Nachdruck eine Deregulierung und Privatisierung des öffentlichen Sektors fordern, um in diesen (potentiell) rentablen Sektoren investieren zu können. Die weltweiten Erlöse aus den Privatiserungen haben sich denn auch zwischen 1990 und 1997 von jährlich 30 auf 154 Milliarden Dollar gut verfünffacht, und allein gegenüber 1995 mehr als verdoppelt[361].

Ob durch die Erschliessung dieser neuen Märkte aus der Wachstumskrise herausgefunden werden kann, bleibt abzuwarten. Der enorme theoretische Aufwand (insbesondere auch durch NPM), aus diesen Bereichen nur jene Sektoren herauszubrechen, welche hohe Profite versprechen, lässt darauf schliessen, dass diese wiederum nur einer kleinen Schicht von kaufkräftigen Kundinnen und Kunden vorenthalten bleiben werden, was der gesamtgesellschaftlichen Nachfrage wohl kaum den benötigten Impuls geben wird. In der Tat halten sich die Investoren in jenen Bereichen zurück, wo trotz grosser gesellschaftlicher Nachfrage die Erwartung auf hohe Gewinne (u.a. wegen hoher Arbeitsintensität in der Pflege oder der Erziehung, die sich nur bis zu einem gewissen Grad »rationalisieren« lässt) gering sind. Dieses Problem der mangelnden Artikulation zwischen gesellschaftlichen Bedürfnissen und kapitalistischer Warenproduktion ist für das Verständnis der Krise zentral, ebenso wie für das Aufzeigen möglicher Entwicklungsalternativen. Im letzten Teil wird noch einmal darauf zurückgekommen werden.

Als Folge dieses Missverhältnisses, in der die Konzentration des gesellschaftlich produzierten Reichtums nie dagewesene Ausmasse annimt, nimmt das gesellschaftliche Übersparen zu: Die flüssigen Mittel suchen immer weniger Verwertung in der produktiven Akkumulation und weichen auf die Finanzmärkte aus, welche entweder längerfristig gute Rendite in Form von Zinsen oder Dividenden oder kurzfristige Gewinne aus Kurssteigerungen versprechen. Einer der Hauptpfeiler der Expansion der Finanzmärkte ist der Markt öffentlicher Anleihen, womit ein weiterer Bezug zu den finanzpolitischen Gegenreformen hergestellt werden kann: Da der Staat zur Finanzierung seiner Aufgaben nach wie vor Geldmittel benötigt, weicht er immer mehr auf den Kapitalmarkt aus, und von Seiten der Investoren aus gesehen »ist der Kauf von Staatspapieren nach wie vor eine wichtige oder wichtigste Methode der Anlage flüssiger Mittel«[362]. Die seit den achtziger Jahren stark gestiegene Staatsverschuldung ist unter diesem Licht nicht nur Ausdruck der Politik der leeren Kassen, sondern auch das Ergebnis der Notwendigkeit, steigende Mengen überschüssiger und nicht mit Aussicht auf hohe Gewinne re-investierbarer Mittel aufzunehmen und den Besitzern zu verzinsen. Dabei trifft es sich gut, dass die Mittel, die auf diese Weise auf die Staatskonten übertragen werden, angesichts hoher Arbeitslosigkeit (und damit verbundener Einnahmeausfälle des Staates) und zunehmender steuerlicher Entlastung der Unternehmen und der hohen Einkommen dringend gebraucht werden, um die öffentlichen Aufgaben zu finanzieren. Anstatt die vermögenden Klassen und die Unternehmen zu besteuern, leiht der Staat also von ihnen Geld aus und bezahlt ihnen dafür auf Kosten der Allgemeinheit attraktive Zinsen. Laut François Chesnais ist dieser Zirkularprozess gar der »stabilste Mechanismus des Reichtumstransfers von gewissen Klassen und sozialen Schichten gewisser Länder zu anderen«[363], denn die Regierungen zwingen unter dem Druck der mächtigen Gläubiger (v.a. Banken und Versicherungen) ihren Bürgerinnen und Bürgern im Rahmen der Zinszahlungen für die Staatsschuld immer drastischere Austeritätsprogramme auf.

Gerade als Folge dieser Austeritätsprogramme seit der Mitte der neunziger Jahre ist jedoch die Nachfrage seitens der öffentlichen Hände auf den Finanzmärkten erheblich zurückgegangen, und die grossen Finanzanleger weichen mehr und mehr für spekulative kurzfristige Investitionen auf die Aktien- und Devisenmärkte aus, um den Globus nach einer Möglichkeit schneller Gewinnmitnahme abzusuchen: Die Fortschritte der Informations- und Telekommunikationstechnologie versetzen die Investoren in die Lage, auf kleine Renditedifferenzen oder auf die Erwartungen von Veränderungen im internationalen Wechselkurs- oder Renditegefüge in kürzester Zeit fast ohne Kosten mit der Verschiebung grosser Geldsummen zu reagieren, womit sie erheblichen Einfluss auf die Wechselkurse, die Aktienkurse und die Zinsen in den betroffenen Ländern ausüben und durch immer riskantere und spekulative Finanzinvestitionen sowie massivem Geldzufluss und -abzug ganze Währungen zusammenbrechen lassen. Wie Jörg Huffschmid lakonisch bemerkt, waren die europäischen Haushaltskonsolidierungen »zugleich ein Beitrag zur Vorbereitung der asiatischen Finanzkrise«[364].

Die langfristige Schwäche des Wachstums in den Industrieländern bei gleichzeitiger Umverteilung des Volkseinkommens zugunsten der Gewinne einerseits und die besonders schnelle Entwicklung der Finanzmärkte andererseits sind demnach zwei Seiten einer Medaille, welche zusammen ein neues Muster der spätkapitalistischen Entwicklung bilden, in dem die globalen Finanzmarktakteure eine entscheidende Rolle spielen: Dies ist, was François Chesnais das »*regime d'accumulation financiarisé mondial*«[365] nennt, welches das Nachfrageproblem weiter verschärft, die Investitionsquote drückt und die Suche nach alternativen Verwendungen des nach wie vor hohen und weiter steigenden Profits forciert, wovon die indirekte Folge eine weitgehende internationale Instabilität ist.

Die Hinweise mehren sich also, wonach die neokonservative Antwort auf die Krise diese eher verschärft als einen Ausweg aufzeigt. Es ist nicht zu erwarten, dass die Finanzkrise des Staats durch Lösungsstrategien im Sinne von NPM gelöst werden kann. Höchstens gelingt dadurch eine vorübergehende Bereinigung bzw. Entpolitisierung dieser Krise, deren Ursache aber ausserhalb des Steuerstaates selbst, in den strukturellen Widersprüchen der kapitalistischen Entwicklung liegt. Der aktuelle Siegeszug der neokonservativen Politik dürfte gerade diese Widersprüche noch weiter verschärfen.

Klar dürfte demnach sein, welcher Preis für einen allfälligen Ausweg aus der Krise zu bezahlen ist: Auf Kosten der grossen Mehrheit der Bevölkerung wird ein Gesellschaftsmodell durchgesetzt, in dem der Reichtum noch viel ungleicher verteilt ist als heute; in dem jeder und jede für das eigene Schicksal verantwortlich ist; in dem abgesehen von den zur Sicherung des gesellschaftlichen Reproduktionsprozesses unabdingbaren Grundleistungen nur noch jene Bedürfnisse befriedigt werden, die zahlungskräftig artikuliert werden können. Es erstaunt nicht, dass die Durchsetzung dieses Gesellschaftsmodells über die Abschaffung des *Service Public* führt, denn er birgt in sich genau das Gegenteil dieses irrationalen Systems, welches mit unglaublichen Produktionskapazitäten die elementaren Grundbedürfnisse nicht zu stillen vermag, weil sie nicht genügend grosse Profitraten versprechen, und dagegen ein überreichliches Angebot an Waren bereitstellt, für das in der gesamtgesellschaftlichen Wertschöpfung zuwenig Kaufkraft verteilt wird. Was Not tut, sind also Überlegungen über mögliche Alternativen: Und der *Service Public* kann dabei im Mittelpunkt eines solchen Projektes stehen.

DER SERVICE PUBLIC ALS ALTERNATIVE ENTWICKLUNGSPERSPEKTIVE

Die aktive Unterstützung der Gegenreform durch die zwei linken Mitglieder in der Zürcher Kantonsregierung sagt einiges darüber aus, wie linke Parteien und Gewerkschaften, die in der Logik des Steuerstaats gefangen bleiben, gezwungen sind, die Strukturgrenzen des Staates, wenn überhaupt, nur zum Zweck einer Abwehr der »Anspruchsinflation« zu thematisieren und zu dessen Entlastung politische Forderungen auf das Mass des im Steuerstaats »Machbaren« zurechtzustutzen. Die durch die Grüne Verena Diener angeführte Rationierungsdebatte im Gesundheitswesen ist in dieser Hinsicht beispielhaft:

Mangels einsetzender Verteilungsmöglichkeiten sähe sie sich sonst gezwungen, ihre eigene Leistungsfähigkeit in Zweifel zu ziehen, die sie, um die Wahlen zu gewinnen, gerade hervorkehren muss.

Es ist daher auch kein Zufall, dass die einzigen Bewegungen im Kanton Zürich gegen die Gegenreform und die damit verbundenen Eingriffe in die gesellschaftliche Bedürfnisbefriedigung ausserhalb der traditionellen parteilichen und gewerkschaftlichen Strukturen zum Ausdruck gekommen sind. So legten im Mai 2000 angesichts der hohen Arbeitsbelastung im Spitalbereich die Mehrheit der nach den Rationalisierungsmassnahmen verbleibenden Stelleninhaberinnen und -inhaber während dreier Tage stundenweise ihre Arbeit nieder. Organisiert wurde der Streik von der »Aktion Gsundi Gsundheitspolitik«, einer Gruppe von Pflegerinnen und Pflegern, die sich durch den VPOD nicht mehr vertreten fühlten. Wie die daran anschliessende Solidaritätskundgebung bewies, gelang mit deren Forderung nach einem umfänglichen Stopp der Umstrukturierungen im Spitalbereich die Verbindung zu den Bürgerinnen und Bürger, die sich durch die von den Einsparungen bewirkte Verschlechterung der Qualität der Dienstleistungen beunruhigt zeigten.

Die gemeinsame Grundlage dieser spontanen Unmutsäusserungen bestand darin, dass ausgehend von gesellschaftlichen Grundbedürfnissen (nach Gesundheitsleistungen, die diesen Namen verdienen, sowie nach besseren Arbeitsbedingungen für das öffentliche Personal) die Frage nach deren Finanzierbarkeit in den Hintergrund gerückt ist. Damit öffnet sich, zumindest virtuell, das Feld für eine breite Debatte über das strukturelle Dilemma des Steuerstaates: Denn nach dessen Gesetzen und den Kräfteverhältnissen, welche die Steuerlasten auf die arbeitende Bevölkerung abschieben, kann die Erfüllung dieser Forderungen nur zu Lasten der privaten Lohneinkommen gehen, die dafür aufzukommen haben. Staatliche und private Lohnarbeiter geraten so in einen Interessenkonflikt, der nur ausserhalb der Logik des Steuerstaats überbrückt werden kann.

Die Gegenreform stösst vielleicht auch deshalb auf so wenig Widerstand, weil dieser sich gegen die strukturellen Einschränkungen richten müsste, die unmittelbar durch den Steuerstaat und seine Artikulation mit der krisenhaften kapitalistischen Marktwirtschaft selbst gesetzt sind. Diese Auseinandersetzung aufnehmen zu können setzt indes voraus, dass eine Strukturalternative sichtbar ist. Dabei ist die Hoffnung auf ein Wiedererstarken des Sozialstaats, der die private Ökonomie übermächtigen könnte, um sie administrativ zu steuern, durch die historisch problematisch gewordene Form des Staates stark eingeschränkt. Diejenigen, die darin nur das Heraufziehen einer gewaltigen Superbürokratie sehen, sind nicht zu widerlegen – und die Kritik der stalinistischen Systeme kann ihnen nur recht geben.

Es sei denn, man denkt an eine grundlegende Demokratisierung des öffentlichen Sektors: Eine solche alternative Entwicklungsperspektive kann gerade beim Wesen des *Service Public* anknüpfen. Ausgehend von der Idee, dass alle Menschen unabhängig von ihrer Position im gesellschaftlichen Gefüge ein Anrecht auf die Befriedigung ihrer Bedürfnisse haben, schliesst der *Service Public* an eine Logik an, die einerseits weitenteils ausserhalb des privaten Kapitalverhältnisses angesiedelt ist, andererseits aber auch im Widerspruch zu der auf Herrschaftsfunktionen hin zugeschnittenen Bürokratiestruktur des Steuerstaats steht.

Hierin liegen die konkreten Ansätze für eine andere Entwicklungsrichtung. Das Ziel öffentlicher Dienstleistungsproduktion ist nicht, möglichst hohe Profite zu erzielen, sondern allen Bürgerinnen und Bürgern den gleichen Zugang zur Befriedigung ihrer Bedürfnisse zu ermöglichen. Wie Charles-André Udry ausführt, impliziert dies einen grundlegend anderen Rentabiliäts- und Produktivitätsbegriff, der sich, in radikaler Umkehr der privatkapitalistischen Verwertungslogik, nicht am Tauschwert der Dienstleistungen orientiert, sondern an deren Gebrauchswert: »Um die Gleichheit und die Solidarität zu sichern, nimmt der Service Public Bezug auf eine Konzeption der sozialen – oder sozio-ökologischen – Rentabilität, welche mit der ökonomischen Rentabilität eines Unternehmens, das in Konkurrenz mit anderen privaten Kapitalien steht, nichts zu tun hat.«[366] Mit anderen Worten liegt der Wert des *Service Public* in seinem gesellschaftlichen Inhalt, in der Nützlichkeit des Einsatzes öffentlicher Arbeitskraft für die Gesellschaft. Ein Beispiel mag dies verdeutlichen: Wenn nachts um eins ein Bus fahrplanmässig, aber leer fährt, dann hat sein Fahren mangels Fahrgästen, mangels konkreter »Marktnachfrage« also, auch keinen bestimmbaren Tauschwert. Dennoch kann der Nachtverkehr des Busses gesellschaftlich nützlich sein, also einen Gebrauchswert haben – und die Arbeit des Fahrpersonals ist deshalb »produktiv« im Sinne der Verausgabung gesellschaftlich nützlicher Arbeit, weil alle sich darauf verlassen können, noch um ein Uhr nachts den öffentlichen Verkehr benutzen zu können.

Die Bestrebungen, mit NPM öffentliche Dienstleistungen in betriebswirtschaftlichen Kostenkriterien zu erfassen und dadurch die Mittelzuteilung aufgrund »objektiver« Kennziffern fernab von gesellschaftlichen Entscheidungsprozessen durchzuführen, steht im kompletten Widerspruch mit dem Kern, der dieser Überlegung zugrunde liegt: Ob ein schlecht benutzter Bus, ein von wenigen

Studierenden besuchtes Seminar oder ein monatelang leer liegendes Spitalbett weitergeführt werden soll, d.h. »ob die verfügbare Arbeitskraft für die Erbringung gerade dieser Leistung oder einer anderen eingesetzt werden soll, lässt sich nur im vornhinein über politische Willensbildungsprozesse bestimmen – im Sinne einer Entscheidung, welcher Aufwand den Betroffenen die Erbringung welcher Dienste ›wert‹ ist«[367].

Dieses Prinzip bricht grundlegend mit dem kapitalistischen Warenstatus von Produkten und Dienstleistungen: Im Kapitalismus gilt als produktive Arbeit nur jene Arbeit, die Mehrwert schafft und auf die Erfordernisse der Kapitalakkumulation ausgerichtet ist. Deshalb hängt dem Wirken der Staatsangestellten immer der Vorwurf der Unproduktivität an. Dem *Service Public* hingegen liegt ein anderes Verständnis von Produktivität und Effizienz zugrunde: Auf demokratischer Basis gilt es, politisch zu entscheiden, welche Produkte sinnvoll sind und dergestalt zur Verfügung gestellt werden müssen, dass sie allen zugänglich sind. Jede Diskussion über die Zukunft des *Service Public* ist somit eine Diskussion über die Art und Weise der Befriedigung gesellschaftlicher Bedürfnisse und also darüber, wer in einer Gesellschaft diese Bedürfnisse definiert, gegeneinander abwägt und deren Befriedigung plant. Zwischen der reinen Marktlogik und dem Prinzip der gesellschaftlich organisierten Unentgeltlichkeit der öffentlichen Dienstleistungen, d.h. der sozialisierten Bereitstellung öffentlicher Dienstleistungen, öffnet sich damit ein weites Feld von Kombinationsmöglichkeiten zwischen Planungs- und Demokratieelementen. »Gesellschaftlich organisierte Unentgeltlichkeit« heisst in diesem Zusammenhang nicht, dass die Dienstleistungen nichts kosten, sondern dass deren Finanzierung anstatt über marktvermittelte Prozesse über ein Solidarprinzip gesichert wird, welches den chancengleichen Zugang zu gesellschaftlich relevanten Leistungen ermöglicht. Dem folgt die These, wie Grauhan und Hickel schliessen, »dass die schon jetzt für den Nutzer kostenlos erbrachten Dienstleistungen als das materielle Substrat einer historisch möglich werdenden, ›post-kapitalistischen‹ Weise des gesellschaftlichen Produzierens angesehen werden können«[368].

In einem Wirtschaftssystem, welches immer weniger in der Lage ist, die elementarsten Grundbedürfnisse zu befriedigen, und Ansprüche nur erfüllt werden, wenn sie den entsprechenden monetären Ausdruck finden, und wo sich die Entscheidungsmacht darüber, in welche Bereiche die Investitionen fliessen sollen, in den Händen von wenigen Entscheidungsträgern befindet, setzt der *Servic Public* voraus, diese Logik radikal umzudrehen und rückt, wie Maxime Durand herausstreicht, die Elemente Recht und Demokratie in den Mittelpunkt: »Recht auf Arbeit, Recht auf Wohnraum, Recht auf Gesundheit, Recht auf Bildung: Der Service Public [ist] das geeignete Instrument, gesellschaftliche Bedürfnisse rational und universell abzudecken.«[369]

Die Identifikation dieser Bedürfnisse ist dabei nicht (nur) Aufgabe von Forscherinnen und Forschern, und schon gar nicht die einer technokratischen Reformelite, sondern, wie Yves Salesse zurecht betont, »sie drücken sich im gesellschaftlichen Kampf, in der politischen Debatte, in der ständigen Konfrontation von Einzelinteressen und deren Ausgleich (arbitrage) durch die politischen Behörden im Namen des Gesamtinteresses aus«[370]. Wie lässt sich ein geeigneter Rahmen erdenken, in dem solche Auseinandersetzungen möglich werden? Eine derartige Alternative muss sich insbesondere auf das »kreative Potential der Menschen im Sinne der wirtschaftlichen, administrativen und besonders politischen Selbst-Organisation.«[371] stützen können, was auf ein interessantes und wenig bekanntes Konzept der Marxschen Tradition verweist: den »*general intellect*«. Dabei geht es um die Gesamtheit der Hervorbringungen und Funktionen der »allgemeinen gesellschaftlichen Arbeit«, um die »Akkumulation des Wissens und des Geschicks«, um »allgemeines gesellschaftliches Wissen«[372] welches sich im Zuge der technologisch-wissenschaftlichen Entwicklung zu einer »pluralen, vielförmigen, in fortwährender Verwandlung begriffenen Intelligenz«[373] geformt hat. Zur Formulierung alternativer Entwicklungsmöglichkeiten gilt es, diese Potentialität zu wecken: Bei den Nutzern öffentlicher Dienste, wie auch beim öffentlichen Personal, den eigentlichen »Experten« gesellschaftlich rationaler Bedürfnisbefriedigung. Wie Wolfgang Fritz Haug ausführt, spiegelt sich in dieser Idee der alte Gedanke von der Klasse-an-sich, die zur Klasse-für-sich werden muss: »Man könnte in Analogie dazu sagen: Die gegenwärtige Epoche ist kraft ihrer verwissenschaftlichen Produktionsweise diejenige des ›general intellect‹-an-sich; sie stockt an der Schwelle der Aufgabe, einer plural-universellen Vernunft in der Ordnung der gesellschaftlichen Verhältnisse, auch der Naturverhältnisse, Geltung zu verschaffen.«[374]

Dass diese Schwelle heute trotz der kapitalistischen Unlogik, die diese Intelligenz zu Rationalisierungszwecken auseinanderstückelt, überschritten werden kann, zeigt die Erfahrung aus Porto Alegre, der Hauptstadt der brasilianischen Provinz Rio Grande do Sul, eine Erfahrung, aus der manche Lehren für ein alternatives Projekt gezogen werden können und in der, im Gegensatz zur Aneignung gesellschaftlich relevanter Fragestellungen durch einen engen Kreis von Entscheidungsträgern, die betroffene Bevölkerung selbständig über die Art und Weise der Befriedigung ihrer Bedürfnisse verfügt.

1989 wurde in Porto Alegre das so genannte Partizipative Budget (auf Portugiesisch: *Orçamento Participativo*, OP) eingeführt, mit welchem tatsächlich »Bügernähe« herzustellen versucht wird: Nicht Technokraten oder Betriebswirte entscheiden über öffentliche Investitionen, sondern die rund 1,3 Millionen Bürgerinnen und Bürger selbst, welche in einem in der nun zehnjährigen Praxis immer wieder aufs Neue formulierten und definierten Prozess darüber entscheiden, wieviel öffentliches Geld in welche Bereiche fliessen soll. Damit versuchte 1989 die neu gewählte Stadtregierung der Arbeiterpartei, wie der damalige Bürgermeister Tarso Genro ausführt, auf die Fragen zu antworten: »Wie kann man die Demokratie radikal demokratisieren? Wie kann man neue Institutionen erfinden, mittels derer wichtige Entscheidungen durch alle getroffen werden können?«[375]

Die Antwort war das OP, ein beinahe permanenter Prozess (er wird einzig im Januar und Februar unterbrochen), durch den die Bürgerinnen und Bürger in die finanzielle Verwaltung ihrer Stadt intervenieren können. Das OP hat eine doppelte Basis, eine geographische (die Stadt ist zu diesem Zweck in 16 Sektoren eingeteilt worden) und eine thematische, welche nach fünf Bereichen unterscheidet: Verkehr, Wirtschaftsentwicklung und Steuern, Gesundheit und soziale Wohlfahrt, Bildung und Kultur, Stadtentwicklung und Raumplanung. Insgesamt stehen also 21 Diskussionsrahmen offen, welche allen Einwohnerinnen und Einwohnern eines Sektors im ersten Fall und der gesamten Stadtbevölkerung und Interessenvertretern (Gewerkschaften, Unternehmer, Studierende, Bauern usw.) im zweiten Fall zugänglich sind. Durch diese doppelte Basis wird ermöglicht, dass zugleich die dringenden Partikularinteressen eines Stadtteils wie auch allgemeinere Ansprüche in bezug auf die Stadtentwicklung zur Sprache kommen. Diese Struktur bildete sich erst nach und nach heraus: Wie Tarso Genro berichtet, strömte bei den ersten OP-Versammlungen vor allem die ärmere Bevölkerung mit den unterschiedlichsten Bedürfnissen heran, und war dann enttäuscht, dass das Geld nicht ausreichte, um alle Wünsche zu berücksichtigen. Die Entscheidungsfindungsprozesse, die sich mit der Zeit instutionalisierten, erlauben heute indessen eine Artikulation zwischen den Möglichkeiten begrenzter finanzieller Mittel, der Definition von Prioritäten für ein Quartier und der Konfrontation dieser Wünsche mit den Wünschen anderer Stadtteile und der Gesamtstadtplanung.

Das OP hat ermöglicht, was die vorgängigen Regierungen nie zustande gebracht haben: Heute verfügen praktisch alle Haushalte Porto Alegres über einen Zugang zu fliessendem Wasser, Randzonen der Stadt wurden vom öffentlichen Verkehr erschlossen und zwischen 1989 und 1997 ist der Anteil der Bürgerinnen und Bürger, welche an das Kanalisationsnetz angeschlossen sind, von 46 auf 74 Prozent gestiegen. Im Gesundheits- und Erziehungswesen, im Bereich der Strassenasphaltierung und der Gestaltung des öffentlichen Raumes sowie im Wohnungsbau sind ähnliche Erfolge zu verzeichnen.

Ein zweiter, indirekter Effekt des OP ist die Sensibilisierung der Bevölkerung in bezug auf ihre Bedürfnisse und deren Befriedigung. Um die dringendsten Ansprüche zu erfüllen, hat die Stadtverwaltung mehrfach die Steuern erhöht, und der Anteil direkter Steuern am Gesamtertrag der Stadt wuchs von 25 Prozent im Jahre 1989 auf 51 Prozent 1996 an – eine klare Gegentendenz zur Politik der Steuerentlastungen für hohe Einkommen und Unternehmen, die auch in den Ländern des Südens mit grossem Einsatz vorangetrieben wird. Das Beispiel zeigt, dass die Bürgerinnen und Bürger durchaus in der Lage sind, sich selber zu verwalten: Das OP öffnet einen Raum, in dem die strukturellen Widersprüche eines Systems sichtbar werden, welche gerade in einem Land wie Brasilien für zunehmende Ungleichheiten verantwortlich sind. Es ist in diesem Feld, in dem die Artikulation zwischen gesellschaftlichen und individuellen Bedürfnissen und der Verwaltung knapper finanzieller Mittel stattfindet, in dem auch die kollektive Intelligenz entsteht, die darüber entscheidet, welche Prioritäten sich eine Gesellschaft gibt und mit welchen Mitteln und durch welche (Steuer-) Kämpfe sie diese erfüllen will.

Diese Erfahrung einer radikalen Demokratisierung des Verhältnisses zwischen Staat und Gesellschaft über das Instrument der gesellschaftlichen Mitverwaltung des Staatsbudgets, mit welchem die Entscheidungen über gesellschaftlich relevante Dienstleistungen und deren Finanzierung den Bürgerinnen und Bürgern in die Hände gelegt werden, birgt den Keim für eine auch hierzulande mögliche Selbstverwaltung auf der Grundlage des *general intellect* der Nutzerinnen und Nutzer und des Personals der öffentlichen Dienste. Gleichzeitig wird am Beispiel von Porto Alegre aber auch klar, dass die Errungenschaften des OP sehr stark durch die Zwänge der nationalen und internationalen Dynamik der Kapitalakkumulation begrenzt bleiben, und dass das OP in mancherlei Hinsicht nicht mehr erlaubt, als eine demokratische Verwaltung der Armut. Eine Verwaltung aber, die das emanzipatorische Potential in sich trägt, auch diese Zwänge zu überwinden.

AUSWAHL-BIBLIOGRAPHIE

ALTVATER Elmar, »Politische Implikationen der Krisenbereinigung – Überlegungen zu den Austerity-Tendenzen in Westeuropa«, *Prokla*, 32, 1978, S. 43-72.

BAUER Thomas und Stefan Spycher, *Verteilung und Besteuerung des Reichtums im Kanton Zürich. Eine Analyse der Steuerstatistiken 1945-1991*, Bern, BASS, 1994.

BISCHOFF Joachim, »Überforderung der Wirtschaft? Instrumentalisierung der Schuldendiskussion für die Zerstörung des Sozialstaates«, in Horst Schmitthenner (Hg.), *Der »schlanke« Staat*, Hamburg, VSA, 1995, S. 54-69.

BLINDENACHER Raoul et al. (Hg.), *Vom Service Public zum Service au Public. Regierung und Verwaltung auf dem Weg in die Zukunft*, Zürich, NZZ Verlag, 2000.

BOURDIEU Pierre, *Gegenfeuer. Wortmeldungen im Dienste des Widerstands gegen die neoliberale Invasion*, Konstanz, UVK, 1998.

BÖTTCHER Maritta und Ekkehard Lieberam, »Der ›schlanke Staat‹: Reformrhetorik und Systemreform«, *Z – Zeitschrift für marxistische Erneuerung*, 34, 1998, S. 78-90.

BUSCHOR Ernst, »Wirkungsorientierte Verwaltungsführung«, *Wirtschaftliche Publikationen der Zürcher Handelskammer*, Nr. 52, Zürich, Zürcher Handelskammer, 1993.

BULTMANN Torsten, »Die standortgerechte Dienstleistungshochschule«, *Prokla*, 104, 1996, S. 329-355.

DÄUBLER Wolfgang, »Privatisierung – Speerspitze der Gegenreform?«, *Leviathan*, Sonderheft 1, 1978, S. 173-184.

DURAND Maxime, »Services publics: L'offensive néolibérale«, *Inprecor*, Nr. 416, 1997, S. 8-11.

EPSKAMP Heinrich und Jürgen Hoffmann, »Die öffentlichen Dienste zwischen Deregulierungsdruck, ›neuen Steuerungsmodellen‹ und solidarisch-demokratischen Funktionen«, in Christoph Butterwegge, Martin Kutscha und Sabine Berghahn (Hg.), *Herrschaft des Marktes – Abschied vom Staat?*, Baden-Baden, Nomos, 1999, S. 230-248.

FELDER Michael, »Vom ›muddling through‹ zurück zum eisernen Käfig. Aktuelle Strategien der Verwaltungsmodernisierung«, *Z - Zeitschrift für marxistische Erneuerung*, 34, 1998, S. 91-109.

GENRO Tarso und Ubiratan de Souza, *Quand les habitants gèrent vraiment leur ville*, Paris, Ed. C.L. Mayer, 1998.

GRAUHAN Rolf Richard und Rudolf Hickel, »Krise des Steuerstaats? – Widersprüche, Ausweichstrategien, Perspektiven staatlicher Politik«, *Leviathan*, 1, 1978, S. 7-33.

HABLÜTZEL Peter et al. (Hg.), *Umbruch in Politik und Verwaltung*, Bern, Stuttgart, Wien, Haupt, 1995.

HAUG Wolfgang Fritz, »›General intellect‹ und Massenintellektualität», *Das Argument*, Nr. 235, 2000, S. 183-203.

HICKEL Rudolf (Hg.), *Die Finanzkrise des Steuerstaats. Beiträge zur politischen Ökonomie der Staatsfinanzen*, Frankfurt/M., Suhrkamp, 1976.

HIRSCH Joachim, *Der nationale Wettbewerbsstaat. Staat, Demokratie und Politik im globalen Kapitalismus*, Berlin, ID, 1995.

HUFTY Marc (Hg.), *La pensée comptable. Etat, néolibéralisme, nouvelle gestion publique*, Paris, Genève, PUF/IUED, 1998.

HUSSON Michel, *Misères du capital. Une critique du néolibéralisme*, Paris, Syros, 1996.

KRÄTKE Michael, *Kritik der Staatsfinanzen. Zur Politischen Ökonomie des Steuerstaats*, Hamburg, VSA, 1984.

O'CONNOR James, *Die Finanzkrise des Staats*, Frankfurt/M., Suhrkamp, 1974.

OFFE Claus und Volker Ronge, »Fiskalische Krise, Bauindustrie und die Grenzen staatlicher Aufgabenrationalisierung«, *Leviathan*, Nr. 2, 1973, S. 189-220.

OSBORNE David und Ted Gaebler, *Reinventing government: how the entrepreneurial spirit is transforming the public sector*, Reading, Addison-Wesley, 1992.

PLEHWE Dieter und Bernhard Walpen, »Wissenschaftliche und wissenschaftspolitische Produktionsweisen im Neoliberalismus«, *Prokla*, Nr. 115, 1999, S. 203-235.

SCHEDLER Kuno, *Ansätze einer wirkungsorientierten Verwaltungsführung : von der Idee des New Public Managements (NPM) zum konkreten Gestaltungsmodell. Fallstudie Schweiz*, Bern, Stuttgart, Wien, Haupt, 1995.

STRECKEISEN Peter, *Überleben auf dem Bildungsmarkt*, Basel, attac, 2000.

THÉRET Bruno (Hg.), *L'Etat, la finance et le social. Souveraineté nationale et construction européenne*, Paris, La Découverte, 1995.

TOBISKA Heinrich, Pierre Gobet und Susi Wiederkehr, *Die Rationierung im Gesundheitswesen: teuer, ungerecht, ethisch unvertretbar*, Zürich, AGGP, 1999.

UDRY Charles-André und Jean-François Marquis, »Le renouveau de tous les dangers«, in Yvette Jaggi et al. (Hg.), *Le livre noir du libéralisme*, Vevey, L'aire, 1996, S. 133-229.

ZEUNER Bodo, »Das Politische wird immer privater. Zu neoliberaler Privatisierung und linker Hilflosigkeit« in Michael Heinrich und Dirk Messmer (Hg.), *Globalisierung und Perspektiven linker Politik*, Münster, Westfälisches Dampfboot, 1999, S. 284-300.

Anmerkungen

1 *Info-Leu. Personalzeitung der kantonalen Verwaltung*, Juli 1996, S. 1.
2 Für einen Überblick über die NPM-Reformen in der Schweiz vgl. Raoul Blindenacher et al. (Hg.), *Vom Service Public zum Service au Public. Regierung und Verwaltung auf dem Weg in die Zukunft*, Zürich, NZZ Verlag, 2000.
3 Vincent Wright, »Reshaping the State: The Implications for Public Adminstration«, *West European Politics*, 3, 1994, S. 104.
4 OCDE, *La gestion publique en mutation. Les réformes dans les pays de l'OCDE*, Paris, OCDE, 1995, S. 7.
5 Maxime Durand, »Services publics: L'offensive néolibérale«, *Inprecor*, 416, 1997, S. 11.
6 Pierre Bourdieu, »Der Tote packt den Lebenden«, in Pierre Bourdieu, *Der Tote packt den Lebenden. Schriften zu Politik & Kultur 2*, Hamburg, VSA, 1997, S. 27.
7 Rudolf Goldscheid, »Finanzwissenschaft und Soziologie«, in Rudolf Hickel (Hg.), *Die Finanzkrise des Steuerstaats. Beiträge zur politischen Ökonomie der Staatsfinanzen*, Frankfurt/M., Suhrkamp, 1976, S. 331.
8 Jean-Daniel Delley, »New Public Management und neue staatliche Handlungsformen«, in Peter Hablützel et al. (Hg.), *Umbruch in Politik und Verwaltung*, Bern, Haupt, 1995, S. 443.
9 a.a.O. S. 444. Siehe auch Jürgen Habermas, *Die neue Unübersichtlichkeit*, Frankfurt/M., Suhrkamp, 1996, S. 141-163 und Niklas Luhmann, *Politische Theorie im Wohlfahrtsstaat*, München, Wien, Olzog, 1981.
10 Peter Hablützel et al., »Umbruch in Politik und Verwaltung – Ansichten und Erfahrungen zum New Public Management in der Schweiz«, in Peter Hablützel et al., *Umbruch...*, a.a.O., S. 2.
11 Kuno Schedler, »Das Modell der Wirkungsorientierten Verwaltungsführung«, in Peter Hablützel et al. (Hg.), *Umbruch...*, a.a.O., S. 24.
12 Kuno Schedler, »Der frustrierte Bürokrat – Bild der Vergangenheit«, *Der Schweizer Arbeitgeber*, 6, 1995, S. 292.

13 Pierre Bourdieu, »L'Etat et la concentration du capital symbolique«, in Bruno Théret (Hg.), *L'Etat, la finance et le social*, Paris, La Découverte, 1995, S. 73.
14 Josef Esser und Joachim Hirsch, »Materialistische Staatstheorie und Verwaltungswissenschaft«, *Politische Vierteljahresschrift*, 13, 1982, S. 111f.
15 Bodo Zeuner, »Das Politische wird immer privater. Zu neoliberaler Privatisierung und linker Hilflosigkeit«, in Michael Heinrich (Hg.), *Globalisierung und Perspektiven linker Politik*. Münster, Westfälisches Dampfboot, 1999, S. 292.
16 a.a.O., S. 295.
17 Heinz Allenspach, »Politische Randbemerkungen«, *Schweizerische Zeitschrift für Politikwissenschaft*, 4, 1995, S. 147.
18 a.a.O., S. 144.
19 *Die Weltwoche*, 4. Juli 1996.
20 Bob Jessop, »Veränderte Staatlichkeit und Staatsprojekte«, in Dieter Grimm (Hg.), *Staatsaufgaben*, Baden-Baden, Nomos, 1996, S. 57.
21 Joachim Hirsch, *Der nationale Wettbewerbsstaat. Staat, Demokratie und Politik im globalen Kapitalismus*, Berlin, ID-Verlag, 1995, S. 109.
22 Res Strehle, *Wenn die Netze reissen. Marktwirtschaft auf der freien Wildbahn*, Zürich, Rotpunkt, 1995, S. 30.
23 Elmar Altvater und Birgit Mahnkopf, *Grenzen der Globalisierung*, Münster, Westfälisches Dampfboot, 1996, S. 114.
24 Davon zeugen insbesondere die Verhandlungsrunden der WTO sowie die Weissbücher der Europäischen Kommission. Vgl. Daniel Rallet, »Les services dans le cycle du millénaire«, *Nouveaux Regards*, 7, 1999, S. 8-10 und Danielle Bleitrach, »Service public entre concurrence et contrats«, *La Pensée*, 310, 1996, S. 29-44.
25 Pierre Bourdieu und Loïc Wacquant, »Schöne neue Begriffswelt«, *Le Monde Diplomatique*, Mai 2000, S. 7.
26 Rudolf Goldscheid, »Staat, öffentlicher Haushalt und Gesellschaft«, in Rudolf Hickel (Hg.), *Die Finanzkrise des Steuerstaats…*, a.a.O., S. 254.
27 *Neue Zürcher Zeitung (NZZ)*, 9. 11. 1998.
28 Michael Krätke, *Kritik der Staatsfinanzen. Zur Politischen Ökonomie des Steuerstaats*, Hamburg, VSA, 1984, S. 43.
29 a.a.O., S. 43.
30 Pierre Bourdieu, »Esprits d'Etat. Genèse et structure du champ

bureaucratique«, *Actes de la Recherche en Sciences sociale*, 96-97, 1993, S. 51.
31 Pierre Bourdieu und Jean-Claude Passeron, *Die Illusion der Chancengleichheit*, Stuttgart, Klett, 1971, S. 227.
32 Pierre Bourdieu, »Das Elend des Staates – der Staat des Elends», in Pierre Bourdieu, *Der Tote packt den Lebenden*, a.a.O., S. 148 und 153.
33 Michael Krätke, a.a.O., S. 44f.
34 Maxime Durand, a.a.O., S. 9.
35 Robert Castel, *Die Metamorphosen der sozialen Frage Eine Chronik der Lohnarbeit*, Konstanz, UVK, 2000, S. 332.
36 Michael Krätke, a.a.O., S. 30.
37 Pierre Chambat, »Service public et néolibéralisme«, *Annales*, 3, 1990, S. 631.
38 Heinrich Epskamp und Jürgen Hoffmann, »Die öffentlichen Dienste zwischen Deregulierungsdruck, »neuen Steuerungsmodellen« und solidarisch-demokratischen Funktionen«, in Christoph Butterwegge et al. (Hg.), *Herrschaft des Marktes – Abschied vom Staat?*, Baden-Baden, Nomos, 1999, S. 236.
39 Phillippe Mastronardi und Kuno Schedler, *New Public Management in Staat und Recht*, Bern, Haupt, 1998, S. 13.
40 Wolfgang Däubler, »Privatisierung – Speerspitze der Gegenreform?«, *Leivathan*, Sonderheft 1, 1978, S. 178.
41 Bruno Théret, »Etat, finances publiques et régulation«, in Robert Boyer und Yves Saillard, *Théorie de la régulation*, Paris, La Découverte, 1995, S. 191.
42 Bruno Théret, »Finance, souveraineté et dette sociale«, in Bruno Théret (Hg.), *L'Etat, la finance…*, a.a.O, S. 583.
43 Michael Krätke, a.a.O., S. 9.
44 Rudolf Hickel, »Krisenprobleme des »verschuldeten Steuerstaats««, in Rudolf Hickel (Hg.), *Die Finanzkrise des Steuerstaats…*, a.a.O., S. 17.
45 Rolf Grauhan und Rudolf Hickel, »Krise des Steuerstaats?«, *Leviathan*, Sonderheft 1, 1978, S 13.
46 Rudolf Hickel, »Krisenprobleme…«, a.a.O., S. 13.
47 a.a.O..
48 James O'Connor, *Die Finanzkrise des Staats*, Frankfurt, Suhrkamp, 1974, S.10.
49 Karl Marx, *Die Klassenkämpfe in Frankreich 1848-1850*, MEW 7, Berlin (Ost), Dietz, 1960, S. 82.

50 Michael Krätke, a.a.O., S. 159.
51 Holly Sklar, »La croisade du retour en arrière«, *Page deux*, 1, 1996, S. 24-32.
52 Sébastien Guex, *L'argent de l'Etat. Parcours des finances publiques au XXe siècle*, Lausanne, Réalités Sociales, 1998, S. 76.
53 Joachim Bischoff, »Überforderung der Wirtschaft? Instrumentalisierung der Schuldendiskussion für die Zerstörung des Sozialstaates« in Horst Schmitthenner (Hg.), *Der »schlanke« Staat*, Hamburg, VSA, 1995, S. 66.
54 Sébastien Guex, a.a.O., S. 87
55 Claus Offe und Volker Ronge, »Fiskalische Krise, Bauindustrie und die Grenzen staatlicher Aufgabenrationalisierung«, *Leviathan*, 2, 1973, S. 190.
56 Rolf Grauhan und Rudolf Hickel, »Krise des Steuerstaats?...«, a.a.O., S 14.
57 *NZZ*, 4. 12. 1996.
58 Rolf Grauhan, *Grenzen des Fortschritts. Widersprüche der gesellschaftlichen Rationalisierung*, München, Beck'sche Schwarze Reihe, 1975, S. 67.
59 Michael Felder, »Vom »muddling through« zurück zum eisernen Käfig. Aktuelle Strategien der Verwaltungsmodernisierung«, *Z - Zeitschrift für marxistische Erneuerung*, 34, 1998, S. 105.
60 Michael Krätke, a.a.O., S. 44.
61 Rolf Grauhan, a.a.O., S. 66f.
62 Kuno Schedler, *Ansätze einer wirkungsorientierten Verwaltungsführung*, Bern, Haupt, 1995, S. 13.
63 Raimund Germann, »Verwaltungsmodernisierung in der Schweiz«, in Peter Hablützel et al., *Umbruch...*, a.a.O., S. 91.
64 *Le Nouveau Quotidien*, 10. 2. 1995.
65 Pierre Bourdieu und Jean-Claude Passeron, *Grundlagen einer Theorie der symbolischen Gewalt*, Frankfurt, Suhrkamp, S. 12.
66 Frank Deppe und Richard Detje, »Globalisierung und die Folgen«, in Joachim Bischoff et al., *Das Ende des Neoliberalismus?*, Hamburg, VSA, 1998, S. 155.
67 Auch der Begriff »Neoliberalismus« ist im Prinzip irreführend, meint er doch eher einen gesellschaftlichen *Roll back*: Der neoliberalen Ideologie liegt die neo*konservative* Auffassung zugrunde, dass soziale Ungleichheit eine unerlässliche Voraussetzung für ökonomische Effizienz ist.
68 Wolfgang Fritz Haug, »Aussichten der Zivilgesellschaft unter

Bedingungen neoliberaler Globalisierungspolitik«, *Das Argument,* 217, 1996, S. 673.
69 Antonio Gramsci, *Gefängnishefte,* Vol. 13, Berlin, Argument, 1991, S. 1560.
70 Pierre Bourdieu, *Sozialer Raum und »Klassen«,* Frankfurt/M., Suhrkamp, 1985, S. 74.
71 Dario Lopreno, »New Public Management, un discours de nantis«, unveröffentlichtes Manuskript, 1995, S. 6f..
72 Aus dem Leitbild der FDP Schweiz von 1973, zit. in Manuel Eisner, »Die politische Semantik des Freiheitsbegriffs im Schweizer Freisinn zwischen 1970 und 1982«, in Manuel Eisner und Beat Fux (Hg.), *Die politische Sprache in der Schweiz,* Zürich, Orell Füssli, 1982, S. 191.
73 *NZZ,* 31. 3. 1974.
74 *Bericht und Antrag des Regierungsrats über die finanzpolitischen Grundlagen für die Jahre 1976 bis 1981,* 14. 6. 1975, S. 3 und 32f.
75 Die Staatskritik von rechts hat jedoch weit zurück reichende Wurzeln: Bereits in den dreissiger und vierziger Jahren gründeten sich eine Reihe konservativer Interessengruppen wie das Redressement National (1936), der Bund der Subventionslosen (1939), die Gesellschaft zur Förderung der Schweizerischen Wirtschaft (1941) und der »Trumpf Buur« (1946) als organisierte Gegenbewegungen zum staatlichen Interventionismus. Vgl. Christian Werner, *Für Wirtschaft und Vaterland. Erneuerungsbewegungen in der Deuschschweiz 1928-1947,* Zürich, Chronos, 2000, S. 171-196.
76 Maritta Böttcher und Ekkehard Lieberam, »Der ›schlanke Staat‹: Reformrhetorik und Systemreform«, *Z - Zeitschrift für marxistische Erneuerung,* 34, 1998, S. 78.
77 zit. in Manuel Eisner, a.a.O., S. 195.
78 Schweizerische Volkspartei des Kantons Zürich, *Graubuch der Bürokratie,* Zürich, SVP, 1982, S. 2.
79 Staatsquote: Gesamtausgaben in Prozent des Bruttoinlandproduktes (BIP); Steuerquote: Staatssteuern in Prozent des BIP.
80 *NZZ,* 11. 7. 1978.
81 Hans Letsch, *Öffentliche Finanzen und Finanzpolitik in der Schweiz,* Bern, Suttgart, Wien, Haupt, 1972, S. 50.
82 Hans Letsch, *Überforderter Staat – überforderte Wirtschaft?,* Bern, Haupt, 1975, S. 14f. und 19.
83 *NZZ,* 23. 5. 1978.

84 Urs Marti, »Editorial«, *Rote Revue*, 2, 1994, S. 1.
85 Marc Hufty, »Aux racines de la pensée comptable«, in Marc Hufty (Hg.), *La pensée comptable. Etat, néolibéralisme, nouvelle gestion publique*, Paris, Genève, PUF/IUED, 1998, S. 23.
86 Oscar Leimgruber, *Rationalisierung in Staat und Gemeinde*, Zürich, Polygraphischer Verlag, 1936, S. 55.
87 Ernst Buschor, *Die öffentliche Finanzwirtschaft zwischen Automatismen und Mittelverknappung*, Bern, Haupt, 1983, S. 13.
88 *Finanz + Wirtschaft*, 28. 1. 1995.
89 Zu den organisationellen und personellen Verflechtungen für die Produktion und Zirkulation der »Neuen Politischen Ökonomie« im Umfeld des neoliberalen *Think Tanks* Mont-Pèlerin-Society, der u.a. die Nobelpreisträger Friedrich von Hayek, James Buchanan, Ronald Coase, George Stigler sowie Gerhard Schwarz und Robert Leu angehören, bzw. angehörten, vgl. Dieter Plehwe und Bernhard Walpen, »Wissenschaftliche und wissenschaftspolitische Produktionsweisen im Neoliberalismus«, *Prokla*, 115, 1999, S. 203-235.
90 Vgl. James Buchanan und Robert Tollison, *The theory of public choice*, Ann Arbor, University of Michigan Press, 1991.
91 Neokonservative Theoretiker haben in diesem Zusammenhang den Begriff der »meritorischen Güter« geprägt: Diese sind zwar nicht öffentliche Güter im »technischen« Sinn, sondern solche, die als »gesellschaftlich wertvoll« erachtet werden und also unabhängig von der individuellen Nachfrage bereitgestellt werden sollten (z.B. Bildungsleistungen, die das nationale Zusammengehörigkeitsgefühl stärken). Zu den Unterschieden zwischen neoliberaler und neokonservativer Auffassung des Staates vgl. James Buchanan und Richard Musgrave, *Public Finance and Public Choice. Two Contrasting Visions of the State*, Cambridge, MIT Press, 2000.)
92 Gerhard Schwarz und Jean-Pierre Jetzer, «Deregulierung und Privatisierung im Vormarsch», in Gerhard Schwarz (Hg.), *Wo regeln bremsen...*, Zürich, Verlag NZZ, 1988, S. 12.
93 Vgl. z.B. Ronald Coase, *The firm, the market and the law*, Chicago, University of Chicago Press, 1988.
94 Kuno Schedler, *Ansätze...*, a.a.O., S. 42f.
95 Dietrich Budäus, *Public Management. Konzepte und Verfahren zur Modernisierung öffentlicher Verwaltungen*, Berlin, Sigma, 1994, S. 9.

96 Ernst Buschor, *Theorie der Allokation der Staatsausgaben*, St.Gallen, Dissertation, 1970, S. 143.
97 *NZZ*, 6. 12. 1995.
98 Christopher Hood, »A Public Management for all Seasons«, *Public Administration*, 69, 1991, S. 3-20.
99 David Osborne und Ted Gaebler, *Reinventing government: how the entrepreneurial spirit is transforming the public sector*, Reading, Addison, 1992.
100 Paul Fink, »Vom Personalstopp zum New Public Management«, *Itinera*, 21, 1999, S. 190.
101 Vgl. Manfred Rehbinder, »Rechtsstaatlichkeit angesichts leerer Staatskassen«, in Bernhard Ehrenzeller et al. (Hg.), *Der Verfassungsstaat vor neuen Herausforderungen*, St.Gallen, Dike, 1998, S. 295-311.
102 *NZZ*, 13. 6. 1996.
103 Ernst Buschor, »Das Konzept des New Public Management«, *Der Schweizer Arbeitgeber*, 6, 1995, S. 275.
104 *NZZ*, 30. 8. 1990.
105 Kuno Schedler, »Das Modell der Wirkungsorientierten Verwaltungsführung«, in Peter Hablützel et al., *Umbruch...*, a.a.O., S. 18.
106 a.a.O., S. 15.
107 Raimund Germann, *Öffentliche Verwaltung in der Schweiz*, Bern, Haupt, 1997, S. 172.
108 Ernst Buschor, »Wirkungsorientierte Verwaltungsführung«, *Wirtschaftliche Publikationen der Zürcher Handelskammer*, Zürich, Verlag der Zürcher Handelskammer, 1993, S. 16f.
109 Peter Grünenfelder, »Neue Rolle der Politik im New Public Management«, *Der Schweizer Arbeitgeber*, 6, 1995, S. 288.
110 Ernst Buschor, »Wirkungsorientierte...«, a.a.O., S. 23.
111 Paul Richli, »New Public Management und Personalrecht«, in Peter Helbling et al. (Hg.), *Personalrecht des öffentlichen Dienstes*, Bern, Stämpfli, 1999, S. 108.
112 *Tages-Anzeiger (TA)*, 1. 12. 1992.
113 Ernst Buschor, »Wirkungsorientierte...«, a.a.O., S. 3f.
114 Ernst Buschor, »Das Konzept...«, a.a.O., S. 275.
115 Thomas Ragni, »Das ökonomische und ideologische Kräftefeld des New Public Management«, unveröffentlichtes Manuskript, 1995, S. 14.
116 a.a.O., S. 15.

117 Pierre Bourdieu, *Gegenfeuer. Wortmeldungen im Dienste des Widerstands gegen die neoliberale Invasion*, Konstanz, UVK, 1998, S. 109.
118 *Info-Leu. Personalzeitung der kantonalen Verwaltung Zürich*, 1, Juli 1997.
119 Thomas Ragni, a.a.O., S. 28.
120 a.a.O., S. 26.
121 Peter Knoepfel, »Le NPM: est-ce la panacée?«, *Schweizerische Zeitschrift für Politikwissenschaft*, 1, 1995, S. 134.
122 Michael Felder, »Vom ›muddling through‹…«, a.a.O., S. 106.
123 a.a.O., S. 108f.
124 Heinrich Epskamp und Jürgen Hoffmann, a.a.O., S. 245.
125 Riccardo Petrella, *Le bien commun*, Lausanne, Page deux, 1997, S. 68.
126 Fritz Leutwiler et al., *Schweizerische Wirtschaftspolitik im internationalen Wettbewerb. Ein ordnungspolitisches Programm*, Zürich, Orell Füssli, 1991. Fritz Leutwiler ist ehemaliger Präsident der Schweizer Nationalbank sowie, zur Zeit der Niederschrift, Co-Präsident von ABB. Mitunterzeichner dieses Programms sind u.a. Nicolas Hayek (SMH), Alex Krauer (Ciba-Geigy, UBS), Robert Holzach (UBS), Hans Letsch (Präsident der Schweizerischen Arbeitgeberverbands), Helmut Maucher (Nestlé), Stephan Schmidheiny (ABB, Nestlé) und Gerhard Schwarz (Leiter der Wirtschaftsredaktion der *NZZ*).
127 Vorort des Schweizerischen Handels- und Industrievereins, *Für eine wettbewerbsfähige Schweiz von morgen*, Zürich, Vorort, 1991.
128 David de Pury et al., *Mut zum Aufbruch, Eine wirtschaftspolitische Agenda für die Schweiz*, Zürich, Orell Füssli, 1995. Mitunterzeichner: u.a. Joseph Ackermann (Crédit Suisse), Georges Blum (Bankverein), Kaspar Cassani (Novartis) sowie der FDP-Nationalrat Ulrich Bremi.
129 Hans Letsch, *Soziale Marktwirtschaft als Chance*, Aarau, Sauerländer, 1992; Hans Letsch, *Stoppt den Staat, er ist zu teuer!*, Stäfa, Gut Verlag, 1996.
130 *Magazin des Tages-Anzeigers*, 1, Januar 2000.
131 Charles-André Udry und Jean-François Marquis, »Le renouveau de tous les dangers«, in Yvette Jaggi et al. (Hg.), *Le livre noir du libéralisme*, Vevey, L'Aire, 1996, S. 136.

132 Peter Moser, *Schweizerische Wirtschaftspolitik im internationalen Wettbewerb*, Zürich, Orell Füssli, 1991, S. 197.
133 Hans Letsch, *Soziale Marktwirtschaft...*, a.a.O., S. 124.
134 David de Pury et al., *Mut zum Aufbruch...*, a.a.O., S. 58.
135 Hans Letsch, *Stoppt den Staat...*, a.a.O., S. 64.
136 *NZZ*, 18. 1. 1995, zit. in Sébastien Guex, a.a.O., S. 184.
137 Hans Letsch, *Überforderter Staat...*, a.a.O., S. 40.
138 Gerhard Schwarz und Jean-Pierre Jetzer, a.a.O., S. 10f.
139 *FDP-Pressedienst*, 4. 5. 1983.
140 *NZZ*, 23. 5. 1978.
141 *Badener Tagblatt*, 26. 5. 1979.
142 zit. in Raimund Germann, *Öffentliche Verwaltung...*, a.a.O., S. 188.
143 Paul Fink, a.a.O., S. 183.
144 *NZZ*, 6. 4. 1988.
145 Stefan Müller, *Die Struktur des öffentlichen Personals in der Schweiz*, Diessenhofen, Ruegger, 1986.
146 *Jahresbericht der Zürcher Handelskammer*, 1979, S. 20.
147 *Bericht und Antrag des Regierungsrates über die finanzpolitischen Grundlagen für die Jahre 1984 bis 1987*, 21. 10. 1981, S. 19.
148 *NZZ*, 31. 3. 1974.
149 Hans Letsch, *Überforderter Staat...*, a.a.O., S. 24.
150 *NZZ*, 14. 7. 1976.
151 zit. in Hans Letsch, *Soziale Marktwirtschaft...*, a.a.O., S. 271.
152 Max Frenkel, *Besser?! Billiger?! Bürgernäher?!*, Bern, Lang, 1981, S. 13.
153 Frank Rühl, *Bürokratie – wer bremst ihr Wachstum?*, Bern, Haupt, 1981, S. 41f.
154 Walter Wittmann, »Privatisierung öffentlicher Aufgaben«, in Maja Silvar (Hg.), *Probleme der Demokratie*, Bern, Lang, 1983, S. 110.
155 zit. in Armin Jans und Robert Meili, *Rationalisierungen in der öffentlichen Verwaltung in der Schweiz*, Zürich, Verlag NZZ, 1988, S. 10.
156 Wolfgang Däubler, a.a.O., S. 176.
157 *wf-Artikeldienst*, 20. 11. 1984.
158 *NZZ*, 30. 3. 1990.
159 *Handelszeitung*, 14. 1. 1988.
160 *NZZ*, 14. 7. 1986.
161 Hans Letsch, *Stoppt den Staat...*, S. 28.

162 Raimund Germann, *Öffentliche Verwaltung...*, a.a.O., S. 174ff.
163 Paul Fink, a.a.O., S. 184.
164 Finanzdirektion des Kantons Zürich, *Verwaltungsrationalisierungsstudien über die Zentralverwaltung (VERAS)*, Zürich, Staatskanzlei. 1987.
165 *NZZ*, 20. 5. 1987.
166 *Schweizerische Arbeitgeber-Zeitung*, 10. 4. 1986.
167 Paul Fink, a.a.O., S. 187.
168 *NZZ*, 23. 5. 1990.
169 Armin Jans und Robert Meili, a.a.O., S. 90.
170 a.a.O., S. 92.
171 *FDP-Pressedienst*, 29. 5. 1984.
172 *wf-Dokumentation*, 18. 3. 1985.
173 Raimund Germann, *Emerging Adminstrative Sciences Within Federalism and Direct Democracy*, Discussion Paper de l'IDHEAP, 8, 1997, S. 15.
174 *Bilanz*, 12. 1995.
175 Ernst Buschor, »Wirkungsorientierte...«, a.a.O., S. 4.
176 a.a.O., S. 8.
177 Ernst Buschor, »Krise der öffentlichen Führung?« unveröffentlichtes Manuskript, 1994, S. 9.
178 *TA*, 5. 12. 1996.
179 James O'Connor, *Die Finanzkrise...*, a.a.O., S. 97f.
180 Ernst Buschor, *Haushaltsführung und Finanzplanung*, ZKB, 1984, S. 24.
181 Armin Jans und Robert Meili, a.a.O., S. 29f..
182 *Bericht und Antrag des Regierungsrates zum Postulat Nr. 2301 betreffend Einführung einer Betriebsbuchhaltung* vom 23. 9. 1988.
183 Ernst Buschor, *Die öffentliche Finanzwirtschaft...*, a.a.O., S. 13.
184 Richard Reich, »Vorwort«, in Ernst Buschor, *Die öffentliche Finanzwirtschaft...*, a.a.O., S. 8.
185 Ernst Buschor, *Die öffentliche Finanzwirtschaft...*, a.a.O., S. 12.
186 Ernst Buschor, »Die öffentlichen Finanzen im Spannungsfeld der Kostenexplosion«, *Angestellten-Revue*, 4, 1985, S. 103.
187 Ernst Buschor, *Die öffentliche Finanzwirtschaft...*, a.a.O., S. 124.
188 *NZZ*, 17. 7. 1976.
189 Raimund Germann, »L'institut des hautes études en administration publique«, in Raimund Germann und Hans Peter Graf, *Ausbildung im öffentlichen Dienst*, Bern, Haupt, 1988, S. 138.
190 *NZZ*, 22. 3. 1984.

191 Kuno Schedler, *Ansätze…*, a.a.O., S. 13.
192 Ernst Buschor, »Wirkungsorientierte…«, a.a.O., S. 8.
193 Ernst Buschor, »Finanzpolitische Weichenstellungen der neunziger Jahre«, *Wirtschaftspolitische Mitteilungen der wf*, 7/8, 1990, S. 3.
194 *Cash*, 14. 6. 1991, *Sonntagszeitung*, 29. 9. 1991, *St.Galler Tagblatt*, 15. 8. 1992, *NZZ*, 25. 10. 1992.
195 Ernst Buschor, Kuno Schedler und Luca Stäger, *Finanz- und Lastenausgleich im Kanton Zürich*, Bern, Haupt, 1992, S. 81.
196 *TA*, 1. 10. 1992.
197 *TA*, 8. 2. 1993.
198 *Glattaler*, 23. 2. 1993.
199 *Magazin des Tages-Anzeigers*, 8. 1. 2000.
200 Sébastien Guex, a.a.O., S. 181.
201 *NZZ*, 31. 10. 1990; *NZZ*, 14. 12. 1991; *TA*, 9. 10. 1992; *NZZ*, 5. 7. 1993; *TA*, 30. 9. 1994.
202 *NZZ*, 26. 9. 1996.
203 *Bericht und Antrag des Regierungsrats über die Staatsrechnung*, versch. Jahrgänge.
204 *NZZ*, 24. 9. 1992.
205 Thomas Ragni, »Bildungsausgaben: Kosten oder Investitionen?«, *Forum*, 44, 1999, S. 22-23.
206 *Bericht des Regierungsrates über den Voranschlag 1997*, 11. 9. 1996.
207 Der Begriff Austeritätspolitik hat seinen Ursprung in Grossbritannien im Jahre 1948. Bezeichnet wird damit die »äusserste Strenge der Haushaltsführung« des damaligen Labour-Schatzkanzlers Sir R. St. Cripps. Mindestens ebenso wichtig ist die ideologische Seite dieser Politik, die in der offiziellen Redeweise vom »Sparen« anklingt: *»Mit ihr wird eine ›neue Moral‹ in der Politik umschrieben, die mit den ›Vergeudungen‹ der Prosperität […], mit den ›übermässigen‹, korporativen Gruppenansprüchen an das Sozialprodukt Schluss zu machen verspricht.«* (Elmar Altvater, »Politische Implikationen der Krisenbereinigung«, *Prokla*, 32, 1978, S. 44.)
208 *Bericht und Antrag des Regierungsrats zur Volksinitiative »für einen solidarischen Steuertarif«*, 15. 12. 1993, S. 13.
209 *Jahresbericht der Zürcher Handelskammer*, 1990, S. 8.
210 Vgl. für die nachfolgenden Ausführungen Thomas Bauer und Stefan Spycher, *Verteilung und Besteuerung des Reichtums im Kanton Zürich. Eine Analyse der Steuerstatistiken 1945-1991*, Bern, BASS, 1994.

211 *VPOD-Info*, Mai 1993.
212 Eidg. Finanzamt, *Öffentliche Finanzen der Schweiz*, versch. Jahrgänge.
213 *Bericht und Antrag des Regierungsrates über die finanzpolitischen Grundlagen für die Jahre 1991 bis 1996*, 3. 10. 1990, S. 7.
214 *NZZ*, 3. 4. 1996. Zu vermerken ist, dass die *NZZ* bei ihren Berechnungen die Teuerung nicht mit berücksichtigt.
215 *Bericht und Antrag des Regierungsrats zur Volksinitiative...*, a.a.O., 15. 12. 1993, S. 20f..
216 Regierungsrat des Kantons Zürich, *Legislaturschwerpunkte...*, a.a.O., S. 15.
217 Wenig später musste Honegger diese Behauptung allerdings mangels Beweise zurücknehmen. Die Gewährung »ausserordentlicher Steuerentlastungen« verweist übrigens auf den Sachverhalt, dass die Unternehmen nicht nur von der legalen Steuersenkungsoffensive profitieren: Die Realität der Besteuerung sieht allerlei Schlupflöcher und Abschreibungsmöglichkeiten vor, nicht zu sprechen von der – mangels Personal – äusserst »selektiven« Steuerfahndung.
218 *TA*, 10. 9. 1996.
219 Statistischen Amt des Kantons Zürich, *Kanton Zürich in Zahlen 2000. Zahlen, Grafiken und Kommentare*, 2000, S. 15f.
220 Thomas Bauer und Stefan Spycher, a.a.O., S. 36.
221 Quelle: Sébastien Guex, a.a.O., S. 117.
222 a.a.O., S. 114.
223 *TA*, 6. 4. 1999.
224 *Bericht und Antrag des Regierungsrates über den Finanzplan für die Jahre 1994 bis 1999*, 15. 9. 1993, S. 5.
225 *TA*, 29. 6. 1999.
226 Quelle: Eidgenössisches Finanzamt, a.a.O..
227 Eric Honegger, »Finanzpolitik aus föderalistischer Warte«, *Zeitfragen der schweizerischen Wirtschaft und Politik*, 142, 1992, S. 9.
228 *TA*, 9. 12. 1992.
229 *Zürcher FDP-Pressedienst*, 23. 5. 1990.
230 *NZZ*, 2. 11. 1991.
231 *Bericht und Antrag des Regierungsrats über den Voranschlag 1992*, 25. 9. 1991, S. 2.
232 *NZZ*, 2. 11. 1991.
233 *Protokoll des Kantonsrates*, Sitzung des 8. 7. 1991, S. 578.
234 *NZZ*, 2. 11. 1991.

235 *NZZ*, 21. 12. 1991.
236 *Bericht und Antrag des Regierungsrates über den Voranschlag 1993*, 23. 9. 1992, S. 38.
237 *NZZ*, 21. 11. 1992.
238 *NZZ*, 10. 7. 1993.
239 *NZZ*, 9. 12. 1993.
240 *NZZ*, 17. 7. 1993.
241 *TA*, 4. 12. 1993.
242 *NZZ*, 30. 9. 1994.
243 *Geschäftsbericht des Regierungsrates für das Jahr 1995*, 1996, S. 13.
244 *Bericht und Antag des Regierungsrates über den Finanzplan für die Jahre 1997 bis 2002*, 11. 9. 1996, S. 17.
245 *TA*, 18. 12. 1996.
246 Regierungsrat des Kantons Zürich, *Legislaturschwerpunkte...*, S. 16.
247 Eidgenössischen Finanzamt, a.a.O., versch. Jahrgänge.
248 *TA*, 6. 4. 1999.
249 Quelle: Statistisches Amt Zürich, *Statistisches Jahrbuch*, versch. Jahrgänge.
250 Diese Schlussfolgerungen, wenn sie sich auch auf eine detaillierte Analyse des kantonalen Budgets stützen, sind mit einer gewissen Vorsicht zu geniessen. In der Tat verdeckt die offizielle Kategorisierung der Ausgaben und Einnahmen oftmals das tatsächliche ökonomische Gewicht der einzelnen Sektoren: So werden beispielsweise Sozialversicherungsbeiträge an das Polizei- und Militärpersonal dem Finanzdepartement zugeschlagen – was die Ausgaben im Sicherheitsbereich künstlich niedrig hält. Leider wurde diesem Sachverhalt in der kritischen Sozialwissenschaft kaum Rechnung getragen. (vgl. Clive Loertscher, »Propositions pour une analyse de l'Etat. Pourquoi et comment étudier l'Etat?«, *Schweizerisches Jahrbuch für politische Wissenschaft*, 16, 1976, S. 43-63.)
251 *NZZ*, 12. 4. 1999, 11. 11. 1999 und 10. 2. 2000.
252 *TA*, 26. 9. 1996.
253 Eidgenössisches Finanzamt, a.a.O., versch. Jahrgänge.
254 Quelle: Aktionsbündnis Kanton Zürich, *Jetzt zämestah! Der Mensch muss im Zentrum stehen*, 1996.
255 *Geschäftsbericht des Regierungsrates*, versch. Jahrgänge.
256 *NZZ*, 27. 3. 1999.
257 *TA*, 21. 5. 1994.

258 *TA*, 8. 12. 1994.
259 *NZZ*, 2. 7. 1994.
260 *Finanz + Wirtschaft*, 15. 8. 1992.
261 *NZZ*, 30. 9. 1994.
262 *NZZ*, Sonderbeilage Wahlen, 5. 1995.
263 *NZZ*, 25. 7. 1997.
264 *NZZ*, 22. 4. 1996.
265 *Volksrecht*, 7. 1. 1992.
266 *TA*, 18. 11. 1992.
267 *NZZ*, 2. 7. 1994.
268 *TA*, 21. 5. 1994.
269 *TA*, 21. 4. 1994.
270 *NZZ*, 25. 10. 1992.
271 *Allgemeiner Anzeiger vom Zürichsee*, 28. 10. 1992.
272 *Bezirks-Anzeiger Dietikon*, 2. 3. 1993.
273 *NZZ*, 28. 11. 1992.
274 *Organisationsmodelle für ein wirksameres Gesundheitswesen*, Pressekonferenz, 11. 2. 1994.
275 *NZZ*, 12. 2. 1994.
276 *TA*, 19. 2. 1994.
277 *TA*, 8. 12. 1994.
278 CVP, *Der Bürger als Kunde*, 12. 8. 1995.
279 Hans-Jakob Mosimann, »Verwaltungsreform aus der Sicht des Personals und seiner Gewerkschaft«, *Schweizerische Zeitschrift für Politikwissenschaft*, 4, 1995, S. 149.
280 VPOD, *Reformieren statt privatisieren*, 3. 2. 1995.
281 SP-Frauen, *NPM unter der Lupe*, 1. 3. 1997.
282 *Forum, Zeitschrift der SP Uster*, März 1995.
283 *Weltwoche*, 6. 3. 1999.
284 VPOD, a.a.O..
285 Schw. Gewerbeverband, *Vom Wohlfahrtsstaat zum NPM*, 28. 8. 1995.
286 *NZZ*, 13. 2. 1995.
287 *NZZ*, 29. 6. 1995.
288 *Auszug aus dem Protokoll des Regierungsrates des Kantons Zürich*, 5. 7. 1995.
289 *TA*, 21. 12. 1995.
290 *Masterplan wif!-Kommunikation*, 1997, S. 4.
291 *TA*, 5. 12. 1996.
292 *VPOD-Info*, April 1995.

293 *Protokolle des Kantonsrats*, Sitzung vom 12. 12. 1994, S. 12384.
294 *NZZ*, 22. 4. 1996.
295 *NZZ*, 1. 12. 1995.
296 *TA*, 29. 3. 1996.
297 *Gesetz über die Rahmenbestimmung der Verwaltungsreform*, 3. 1. 1996, S. 16.
298 *Internationale Anerkennung der Zürcher Verwaltungsreform*, Pressekonferenz, 25. 11. 1998.
299 *Bericht und Antrag des Regierungsrats zum Postulat KR- 191/1998 betreffend Offenlegung des gesamten ALÜB-Massnahmenkatalogs*, 3. 11. 1999.
300 *NZZ*, 24. 3. 2000.
301 *Konsolidierter Entwicklungs- und Finanzplan des Kantons Zürich 2000-2003*, S. 18. (s. http://www.wif.zh.ch/kef/index.html)
302 Gesundheitsdirektion Zürich, *Zürcher Spitalliste 1998*, Zürich, 1996.
303 Heinrich Tobiska et al. (Hg.), *Die Rationierung im Gesundheitswesen: teuer, ungerecht, ethisch unvertretbar*, Zürich, AGGP, 1999, S. 13.
304 Gesundheitsdirektion Zürich, *Kerndaten der Zürcher Spitäler*, versch. Jahrgänge.
305 *Loras-Profil - Newsletter zum Projekt LORAS*, 1, Juni 1996, S. 1.
306 *NZZ*, 11. 11. 1999.
307 Heinrich Tobiska et al., a.a.O., S. 6.
308 a.a.O., S. 4.
309 a.a.O., S. 55.
310 *Info-Leu. Personalzeitung der kantonalen Verwaltung Zürich*, 2, 1996.
311 Gesundheitsdirektion Zürich, *Informationen zum Projekt LORAS*, 1998.
312 *NZZ*, 17. 5. 1997.
313 Heinrich Tobiska et al., a.a.O., S. 27.
314 *Loras-Profil - Newsletter zum Projekt LORAS*, 2, 11. 1996, S. 2.
315 Gesundheitsdirektion Zürich, *Schlussbericht des Loras-Projektes*, 1999, S. 11.
316 *Bericht des Regierungsrates über den Voranschlag 1998*, 10. 9. 1997.
317 Heinrich Tobiska et al., a.a.O., S. 59.
318 *Auszug aus dem Protokoll des Regierungsrates*, 28. 7. 1999.
319 *NZZ*, 28. 11. 1997.

320 Marc-Anton Hochreutner, Luca Stäger und Max Lenz, »Das wif!-Projekt LORAS und die Outcome-Messung«, *Schweizer Spital*, 6, 1998, S. 35.
321 *TA*, 1. 12. 1995.
322 Heinrich Tobiska et al., a.a.O., 61.
323 Eidgenössisches Finanzamt, a.a.O., versch. Jahrgänge.
324 *Weltwoche*, 30. 11. 1995.
325 *Bericht des Regierungsrates über die Staatsrechnung*, versch. Jahrgänge.
326 *Geschäftsbericht des Regierungsrates*, versch. Jahrgänge.
327 Martin Graf und Erich Graf, »Der Angriff der Bildungselite auf die Volksbildung«, *Widerspruch*, 33, S. 23.
328 a.a.O., S. 28.
329 Ernst Buschor, »Wandel im Bildungswesen: Von der Vision zur Realpolitik.«, unveröffentlichtes Manuskript, 1999, S. 4.
330 Ernst Buschor, »Ökonomische Aspekte…«, a.a.O., S. 140.
331 Peter Streckeisen, *Überleben auf dem Bildungsmarkt*, Basel, attac, 2000, S. 17.
332 zit. in a.a.O., S. 16.
333 zit. in a.a.O., S. 17.
334 *Konsolidierter Entwicklungs- und Finanzplan…*, a.a.O..
335 Ernst Buschor, »Wandel im Bildungswesen…«, a.a.O., S. 2.
336 Bildungsdirektion des Kantons Zürich, *Unsere Schule unsere Zukunft. Gesamtkonzept*, Juni 1999.
337 *TA*, 11. 11. 1995.
338 Kuno Schedler et al., *Kostenrechnungsmodelle für Bildungsinstitutionen*, Bern, EDK, 1998, S. 68.
339 Thomas Ragni, »Kostenrechnungsmodelle für Bildungsinstitutionen«, *VPOD Magazin*, 109, 1998, S. 18.
340 Martin Graf und Erich Graf, a.a.O., S. 29.
341 Ernst Buschor, »New Public Management - Probleme der Umsetzung am Beispiel des Kantons Zürich«, in Reinhold Mitterlehner et al. (Hg.), *New Public Management: Effizientes Verwaltungsmanagement zur Sicherung des Wirtschaftsstandorts Österreich*, Wien, Wirtschaftsverlag, S. 37.
342 Regine Aeppli, »New Public Management und das Primat der Politik«, *Rote Revue*, 1, 1997, S. 9.
343 *Bericht des Regierungsrates über den Voranschlag 1998*, 10. 9. 1997.

344 Torsten Bultmann, »Die standortgerechte Dienstleistungshochschule«, *Prokla*, 104, 1996, S. 346.
345 Ernst Buschor, »Wandel im Bildungswesen…«, a.a.O., S.4.
346 Ernst Buschor, »New Public Management - Probleme …«, a.a.O., S. 35.
347 *Info-Leu. Personalzeitung der kantonalen Verwaltung Zürich*, 1, Juli 1996.
348 Vorläufig hat Buschor diese Idee nach heftigen Protesten zurückgezogen.
349 Kuno Schedler et al., *Kostenrechnungsmodelle…*, a.a.O.,
350 Pierre Bourdieu und Jean-Claude Passeron, *Die Illusion…*, a.a.O., S. 200.
351 Rolf Grauhan und Rudolf Hickel, »Krise des Steuerstaats?…«, a.a.O., S. 21.
352 a.a.O.
353 Dies der Titel des vom Vorsitzenden der neokonservativen Tory-Partei, William Hague, präsentierten Strategiepapiers für die nächsten britischen Unterhauswahlen.
354 Pierre Bourdieu, *Gegenfeuer*, a.a.O., S. 110.
355 *Konsolidierter Entwicklungs- und Finanzplan…*, a.a.O..
356 Rudolf Hickel, »Krisenprobleme…«, a.a.O., S. 20.
357 Verband des Personals Öffentlicher Dienste, *Zukunft des Service Public und Privatisierung. Positionspapier des 42. Verbandstages des VPOD*, 1999, S. 19.
358 Jörg Huffschmid, »Megafusionen und ›neue Ökonomie‹«, *Sozialismus*, Supplement 6, 2000, S. 7.
359 a.a.O.
360 Michel Husson, *Misères du capital. Une critique du néolibéralisme*, Paris, Syros, 1996, S. 70.
361 Jörg Huffschmid, *Politische Ökonomie der Finanzmärkte*, Hamburg, VSA, 1999, S. 76.
362 a.a.O., S. 28.
363 François Chesnais, »Die Tobin Tax – eine internationale Kapitalsteuer«, *Widerspruch*, 38, 1999, S. 40.
364 Jörg Huffschmid, *Politische…*, a.a.O., S. 161.
365 François Chesnais, *La mondialisation du capital,* Paris, Syros, S. 261.
366 Charles-André Udry, »Rentabilité sociale«, *Page deux*, 6, 1996, S. 1.
367 a.a.O.

368 Rolf Grauhan und Rudolf Hickel, »Krise des Steuerstaats?...«, a.a.O., S. 29f.
369 Maxime Durand, »Service Public...«, a.a.O., S. 11.
370 Yves Salesse, *Propositions pour une autre Europe*, Paris, Félin, 1997, S. 386.
371 Charles-André Udry, »Socialismo«, *Viento Sur*, 50, 2000, S. 150.
372 Karl Marx, *Grundrisse der Kritik der Politischen Ökonomie*, MEW 42, Berlin (Ost), Dietz, 1983, S. 595ff.
373 Jean-Marie Vincent, »Les automatismes sociaux et le ›general intellect‹«, *Futur antérieur*, 16, 1993, S. 122.
374 Wolfgang Fritz Haug, »›*General intellect*‹ und Massenintellektualität«, *Das Argument,* 235, 2000, S. 197.
375 Tarso Genro und Ubiratan de Souza, *Quand les habitants gèrent vraiment leur ville*, Paris, Ed. C.L. Mayer, 1998, S. 21.

RAISONS D'AGIR

Herausgegeben von Franz Schultheis und Pierre Bourdieu

RAISONS D'AGIR präsentiert Beiträge aus der internationalen Gesellschaftsforschung und -diagnose, die sich bewusst in aktuelle politische Debatten einmischen und zu jenen Fragen Stellung beziehen, die für das Denken und Handeln in einer Demokratie ausschlaggebend sind.

Keith Dixon
Die Evangelisten des Marktes
Die britischen Intellektuellen
und der Thatcherismus
2000, 118 Seiten, br., ISBN 3-89669-951-2

Loïc Wacquant
Elend hinter Gittern
2000, 170 Seiten, br., ISBN 3-89669-952-0

Keith Dixon
Ein würdiger Erbe
Anthony Blair und der Thatcherismus
2000, 118 Seiten, br., ISBN 3-89669-953-9

François Chesnais
Tobin or not Tobin
Eine internationale Kapitalsteuer
2001, 122 Seiten, br., ISBN 3-89669-999-7

Alessandro Pelizzari
Die Ökonomisierung des Politischen
New Public Management und der
neoliberale Angriff auf die öffentlichen Dienste
2001, 200 Seiten, br., ISBN 3-89669-998-9

Pierre Bourdieu
Gegenfeuer 2
Für eine europäische soziale Bewegung
2001, 128 Seiten, br., ISBN 3-89669-997-0

UVK Verlagsgesellschaft mbH
www.uvk.de